D1867191

Die sogenannte Finanzkrise –
Systemversagen oder global organisierte Kriminalität?

ISBN 978-3-8305-1771-9

Bernd Schünemann (Hrsg.)

Die sogenannte Finanzkrise – Systemversagen oder global organisierte Kriminalität?

BWV · BERLINER WISSENSCHAFTS-VERLAG

Bibliografische Information der Deutschen Nationalbibliothek

Die Deutsche Nationalbibliothek verzeichnet diese Publikation in der Deutschen Nationalbibliografie; detaillierte bibliografische Daten sind im Internet über http://dnb.d-nd.de abrufbar.

ISBN 978-3-8305-1771-9

© 2010 BWV · BERLINER WISSENSCHAFTS-VERLAG GmbH,
Markgrafenstraße 12–14 · 10969 Berlin
E-Mail: bwv@bwv-verlag.de · Internet: http://www.bwv-verlag.de
Printed in Germany. Alle Rechte, auch die des Nachdrucks von Auszügen, der photomechanischen Wiedergabe und der Übersetzung vorbehalten.

Vorwort

Der vorliegende Band ist das Ergebnis eines internationalen Symposiums auf dem sog. Heiligen Berg von Kloster Andechs am 31.10.2009 über die strafrechtlichen Aspekte der sog. Finanzkrise. So wie es in Zeiten fraglos religiöser Welterklärungen stets auch um das Verständnis und die Bewältigung des Unheiligen ging, hat der genius loci von Andechs auch schon frühere Tagungen beflügelt, die von meinem Freiburger Kollegen *Roland Hefendehl* und mir hier veranstaltet wurden – sei es über die Rechtsprobleme von AIDS oder über die Brennpunkte des Verhältnisses von Strafrechtsdogmatik und Kriminalpolitik. Deshalb wurde ein Abschnitt des letztjährigen Symposiums bewusst dem prekären Schicksal der „Kathedralen der Gegenwart" gewidmet, will sagen dem Beinahe-Untergang der deutschen Groß- und Landesbanken. Im Laufe der Erörterungen wurde es allen Teilnehmern immer rätselhafter, wieso es sich hierbei tatsächlich um die erste spezifisch strafrechtliche Tagung zu diesem Thema gehandelt hat: Über zwei Jahre nach dem Zusammenbruch der IKB und der sich innerhalb eines weiteren Jahres Bahn brechenden Erkenntnis, dass (auch) deutsche Banken (darunter vor allem Landesbanken) durch die verschleierte, die deutsche Bankenaufsicht ausmanövrierende Investition in minderwertige US-amerikanische Papiere einen endgültig noch nicht absehbaren, von der Bundesregierung dem deutschen Steuerzahler überbürdeten Schaden in astronomischer Höhe (jedenfalls von dreistelligen Milliardenbeträgen) verursacht haben. Dass in einem Land, das sich sonst in Strafverfolgungspraxis und Strafrechtstheorie um jedes dubiose Vorkommnis akribisch kümmert, zuletzt in Gestalt der schwarzen Kassen in Wirtschaftsunternehmen und des Schwarzgeldes im Ausland (hier sogar unter regierungsamtlicher Anstiftung ausländischer Dunkelmänner zum strafbaren Geheimnisverrat), bei dieser nicht als Naturereignis hereinbrechenden, sondern durch vielfach wiederholte Entscheidungen deutscher Bankmanager verursachten größten Finanzkatastrophe seit 80 Jahren bis heute nicht einmal eine sorgfältige Prüfung der Verantwortlichkeit in Angriff genommen worden ist, sondern in Politik und vielfach auch in der Wissenschaft von vornherein mit apologetischen Strategien gearbeitet wird, hat mich im Prinzip an die (freilich vergleichsweise winzige Dimensionen aufweisende) Parteispendenaffäre vor knapp 30 Jahren erinnert. Die nachfolgend abgedruckten Referate und Diskussionen des Andechser Symposiums haben mich deshalb zu ihrer Veröffentlichung und zu einer ihnen am Ende hinzugefügten eigenen Analyse nicht nur inspiriert, sondern geradezu verpflichtet – und sei es auch nur, damit man später nicht sagen kann, die deutsche Strafrechtswissenschaft habe sich wieder einmal in eine Nische zurück gezogen, als es ernst wurde.

München, im Februar 2010 *Bernd Schünemann*

Inhaltsverzeichnis

Prof. Dr. Dr. h.c. Santiago Mir Puig, Barcelona

Neoliberalismus, Finanzkrise und Strafrecht

I.

Die historische Entwicklung des Strafrechts ist eng mit der historischen Entwicklung der politischen Ideen einhergegangen. Mit dem Übergang von der absoluten Monarchie zum Rechtsstaat war ein Wandel verbunden, der für das Aufkommen des liberalen Strafrechts bestimmend war. Das Entstehen der totalitären Staaten zwischen den beiden Weltkriegen hatte eine autoritäre Reorientierung des Strafrechts zur Folge, und die Synthese von sozialem und demokratischem Rechtsstaat ermöglichte in der zweiten Hälfte des 20. Jahrhunderts eine Wiedereinführung der Prinzipien des liberalen Strafrechts, das sich der sozialen Problematik der Delinquenz mehr zuwendet. Seit den achtziger Jahren kam es mit dem Neoliberalismus im angelsächsischen Raum jedoch zu einer Verschärfung des Strafrechts, und nach dem 11. September wurden sogar einige grundlegende Prinzipien des klassischen Strafrechts in Frage gestellt. Die derzeitige Finanzkrise hat das Augenmerk auf die Gefahren der Deregulierung gelenkt und in vielen Ländern, angefangen bei den Vereinigten Staaten, dazu geführt, dass der Staat mit Maßnahmen interveniert, die als eine Berichtigung der neoliberalen Ideologie interpretiert werden können. Es ist nur folgerichtig zu fragen, in welchem Maße auch das Strafrecht von dieser Berichtigung erfasst werden wird.

II.

1. Ein kurzer Blick auf die Geschichte zeigt, dass die Entwicklung der Strafrechtsideen parallel zur Entwicklung der politischen Auffassungen verläuft.

Die heute im Westen geltenden Grundlagen des Strafrechts gehen auf die politische Philosophie der Aufklärung zurück, und sie setzten sich in dem Maße durch, wie das Modell des absoluten Staats durch den Rechtsstaat ersetzt wurde. So wie die absoluten Monarchien das Strafrecht als ein ebenso unbegrenztes Machtinstrument wie die Macht des Königs aufgefasst hatten, so hatte das Modell des Rechtsstaats ein Strafrecht zu ermöglichen, das dadurch charakterisiert war, dass der staatlichen Strafgewalt Grenzen gesetzt wurden. Da das fundamentale Ziel des klassischen Liberalstaats die Unterwerfung der Macht unter das Recht ist — das ist die Essenz des «Rechtsstaats» —, suchte dieser eher die rechtliche Begrenzung der Strafgewalt als die Prävention von Straftaten. Er zielte mehr auf die Garantien des mutmaßlichen Schuldigen als auf den Schutz der Opfer ab.

Im Laufe des 19. Jahrhunderts und parallel zur Durchsetzung der liberalen Ideen ergaben sich auch die Bedingungen, mit denen diese schließlich überwunden wurden. Die Agglomeration des Proletariats in den Städten, eine Folge des Maschinenzeitalters, diente sozialen Bewegungen dazu, vom Staat die Notwendigkeit einzufordern, seine ihm vom Liberalismus vorbehaltene Rolle eines bloßen Schiedsrichters aufzugeben und im gesellschaftlichen Leben zugunsten der Schwachen einzuschreiten. Diese Forderung nach staatlicher Intervention ergab sich auch im Bereich der Delinquenz, die in diesem Zeitraum erheblich anstieg. Dies war im letzten Drittel des 19. Jahrhunderts der Ausgangspunkt der italienischen *Scuola Positiva* und ihres vorgeblich wissenschaftlichen Programms für den Kampf gegen die Delinquenz, mit Hilfe von auf jeden Delinquenten angepassten Maßregeln vorzugehen. Die Krise des Liberalstaats bestimmte auch die Krise seiner Kriminalpolitik.

In der ersten Hälfte des 20. Jahrhunderts führten die Forderungen nach einer größeren sozialen Intervention des Staats (der von Hegel beschriebenen Bewegung der Geschichte folgend) zur Antithese des liberalen Staats: zu totalitären politischen Systemen, wie dem sowjetischen, das aus der Revolution von 1917 hervorging, dem faschistischen unter Mussolini im Italien der 20er Jahre und dem nationalsozialistischen unter Hitler in den 30er Jahren. In allen wurde das Strafrecht verschärft bis hin zu jenen Extremen, die es in der Sowjetunion und dem Dritten Reich erreichte.

Durch die Niederlage der faschistischen Systeme im Zweiten Weltkrieg konnten die siegreichen Demokratien den Rechtsstaat in Westeuropa wiedereinführen – wenn auch nicht in Spanien, das von Franco bis zu dessen Tod im Jahr 1975 als Diktatur beherrscht wurde. Die Erfahrung aus dem Scheitern des klassischen Liberalismus wurde jedoch genutzt, um ein neues Staatsmodell zu proklamieren, das gleichzeitig seine *rechtlichen* Grenzen in einem *demokratischen* Sinne stärken und auch seine Pflichten gegenüber der Gesellschaft nicht aufgeben würde, also weiterhin *sozial* wäre. Es kam so zur synthetischen Formel des «sozialen und demokratischen Rechtsstaats». Sie wurde nach dem Krieg ins Grundgesetz der Bundesrepublik Deutschland aufgenommen und war auch die Grundlage der spanischen Verfassung von 1978 (Art. 1, 1).

Das Strafrecht eines solchen Staats muss verschiedene Funktionen übernehmen, die den verschiedenen Aspekten entsprechen, die in ihm verbunden sind. Als Strafrecht eines *sozialen* Staats muss es sich als System des *effektiven Schutzes der Bürger* legitimieren, wodurch ihm die Aufgabe der Prävention in dem Maße – und nur in dem Maße – zugeschrieben wird, wie dies für diesen Schutz notwendig ist. Dies bedeutet bereits eine Grenze der Prävention. Als Strafrecht eines *demokratischen Rechts*staats muss die strafrechtliche Prävention aber einer anderen Reihe von *Grenzen* unterworfen werden, die teilweise Erbe der liberalen Tradition des Rechtsstaats sind, teilweise durch die Notwendigkeit verstärkt wurden, das Strafrecht mit einem demokratischen Inhalt zu füllen. Zwei Wörter resümieren dieses kriminalpolitische Programm meiner Meinung nach: *begrenzte Prävention.*

2. Seit den achtziger Jahren begann jedoch vom angelsächsischen Raum und insbesondere von den Vereinigten Staaten aus die Ausbreitung eines *neokonservativen Neoliberalismus*, durch den die Auffassung der Funktionen des Staats modifiziert wurde, was für das Strafrecht signifikante Folgen hatte. Das Eigentümliche an diesem Modell ist, dass es die traditionelle Beziehung zwischen Liberalismus und re-

striktiver Kriminalpolitik aufgibt, so dass der neue Liberalismus mit einer deklariert expansiven Kriminalpolitik vereinbar wird, die wieder auf die Todesstrafe zurückgreift und die Freiheitsstrafen verlängert und verschärft, während gleichzeitig die Möglichkeiten zur Ersetzung dieser Strafen durch andere Maßnahmen verringert werden. Neben der Forderung nach einem Minimalstaat im Hinblick auf die ökonomische Intervention wird eine immer stärkere Intervention beim Kampf des Staates gegen das Verbrechen verlangt. Die Empathie für den Straftäter und die Sorge um die sozialen Bedingungen für sein Verhalten schwinden. Der im ökonomischen Bereich neoliberale Staat ist ein *unsolidarischer* Staat, sowohl was die wirtschaftlichen Verlierer als auch die Delinquenten anbelangt. Diese fehlende Solidarität wird selbstverständlich durch das Ausbleiben einer völligen Integration der ethnischen und kulturellen Minderheiten begünstigt, was eng damit in Zusammenhang gesetzt wird, dass diese Minderheiten überproportional unter den Straftätern vertreten sind.

Das Ergebnis ist der Schritt von einer um ihre Grenzen besorgten Prävention zu einer von ihrer Ineffizienz besessenen Prävention. Diese Ineffizienz versucht man durch die Verschärfung des Strafrechtssystems zu überwinden, auch wenn diese Erwartung im Allgemeinen durch einen unaufhaltsamen Anstieg der Kriminalität enttäuscht wird.

Vor diesem Hintergrund ereigneten sich die schlimmen Attentate des 11. September und auch die schlimmen, von den Vereinigten Staaten und dem Vereinigten Königreich ergriffenen Maßnahmen, mit denen durchgreifend gegen den so genannten "internationalen Terrorismus" vorgegangen werden sollte. Damit wurden Freiheiten um der Sicherheit willen geopfert und die schon zuvor wahrnehmbare Tendenz der Verschärfung bestimmter internationaler Normen gegen den Drogenhandel und die organisierte Kriminalität verstärkt: die Tendenz nämlich, das Strafrecht eher als Waffe für den Krieg als eine Ordnung für den Frieden aufzufassen.

Der Einfluss der amerikanischen Realität auf den Rest der Welt, der durch die Globalisierung noch verstärkt wird, ist seit einigen Jahren in der Kriminalpolitik vieler anderer Länder zu bemerken. Tatsächlich haben fast alle Strafrechtsreformen der letzten Zeit zu einer Verschärfung und Erweiterung des Strafrechts geführt, auch wenn damit im Allgemeinen nicht die in den Vereinigten Staaten erreichten Extreme erlangt wurden.

III.

In dieser Situation befand sich das Strafrecht, als die aktuelle Finanzkrise ausbrach. Dies fiel mit dem Ende von Bushs zweiter Amtszeit und einem beispiellosen Verlust der Unterstützung seiner Präsidentschaft durch das Volk zusammen. Es fiel auch mit der enthusiastischen Begrüßung zusammen, die Barack Obamas Wahlkampagne entgegengebracht wurde, die der Politik, die der neokonservative Neoliberalismus in den vorausgegangenen Jahren bis ins Extrem geführt hatte, eine deutliche Absage erteilte. In dieser Atmosphäre war es einfach, die Finanzkrise mit den Exzessen des Neoliberalismus und seiner Doktrin der Deregulierung zu verknüpfen. Die "Selbstregulierung" hatte zur fehlenden Kontrolle geführt. Obamas Machtübernahme ermöglichte es, die Krise mit Maßnahmen anzugehen, die konträr zum neoliberalen Dogma der staatlichen Nicht-Intervention in der Wirtschaft stehen. Die globale Reichweite der Finanzkrise zwang dazu, in Europa ähnliche Wege zu beschreiten. Dies bedeutet allerdings nicht, dass das neoliberale Modell im Westen völlig aufgegeben worden wäre, aber doch, dass sich vorübergehend der Gedanke durchgesetzt hat, dass dieses Modell begrenzt werden muss, auch wenn man bisher nicht weiß, bis zu welchem Punkt. Es ist abzuwarten, wie effizient die verschiedenen, von den Staaten ergriffenen Maßnahmen sind, von denen einige deutlich "sozialer" als andere sind. Wir befinden uns in einem Moment der Ungewissheit, der zumindest so lange dauern wird, wie die Finanzkrise dauert, und wir wissen noch nicht, welche Auswirkungen sie auf die politischen und wirtschaftlichen Systeme in der Zukunft haben wird. Eine Periode der Reflexion hat allerdings schon begonnen, zu der alle beteiligten Sektoren beitragen müssen, und einer ist das Strafrecht.

Ebenso wie das Ende der Regierung Bush erst einmal zu keinem radikalen Wandel des amerikanischen politischen Modells geführt hat, sondern nur zu einer (wichtigen) Revision seiner Exzesse, so bedeutet die Finanzkrise vorerst nur eine Korrektur des ökonomischen Modells. Deshalb wäre es voreilig vorauszusagen, dass der neue Kontext zu einem drastischen Wandel in der Orientierung des Strafrechts führen wird. Ich wage jedoch drei mögliche Folgen vorauszusagen:

1) Obamas Entscheidung zur Schließung von Guantánamo – einem rechtsfreien Raum: dem absolut unverblümten Ausdruck für die Aufgabe des Rechtsstaats – sowie die Ankündigung, dass diejenigen zur Verantwortung gezogen werden, die unter der vorherigen Regierung die Folter erlaubten, scheinen doch den Willen anzudeuten, dass die prozessualen Grenzen eines Rechtsstaats wieder hergestellt werden. Möglicherweise dient dies als Beispiel für andere westliche Länder, die nach dem 11. September ebenfalls wichtige Prozessrechte beschnitten.

2) Am wahrscheinlichsten ist, dass die Tendenz zur Verschärfung des materiellen Strafrechts vorerst beibehalten wird, eine Tendenz, die sowohl die konservativen als auch die Mitte-Links-Regierungen im Wesentlichen zu teilen scheinen. Auch wenn dies vom Neoliberalismus aus ins Extrem geführt wurde, so wurde diese Tendenz mit einem Populismus verknüpft, der kurzfristig für alle Regierungen gleich welcher Couleur politisch rentabel ist.

3) Die Erkenntnis, dass die Finanzkrise teilweise durch die fehlende Kontrolle und die betrügerische Vertuschung der bestimmten Finanzprodukten innewohnenden Risiken verschuldet wurde, macht verständlich, dass nach einer stärkeren Intervention des Strafrechts zum Schutz des Finanzsystems verlangt wird. Deshalb ist insbesondere voraussehbar, dass sich das Strafrecht weiter auf Bereiche kollektiver, im Wirtschaftssystem implizierter Rechtsgüter ausdehnen wird. Tatsächlich ist die in Europa seit langem offenkundige Tendenz, den Strafrechtsschutz auf kollektive Rechtsgüter auszuweiten, nicht eine Konsequenz des ökonomischen Neoliberalismus, sondern ihm vielleicht entgegengesetzt.

Dr. Peter Kasiske, München

Aufarbeitung der Finanzkrise durch das Strafrecht? Zur Untreuestrafbarkeit durch Portfolioinvestments in Collateralized Debt Obligations via Zweckgesellschaften

I. Einleitung

Seit 2007 beschäftigt die globale Finanzkrise Wirtschaft, Politik und Öffentlichkeit. Angesichts des Ausmaßes des angerichteten Schadens auf der einen und den teilweise astronomischen Gewinneinkünften der vermeintlich Verantwortlichen auf der anderen Seite war es nur eine Frage der Zeit, bis die Krise auch für das Strafrecht zum Thema wurde. Die ersten Ermittlungsverfahren gegen Bankmanager wurden bereits eingeleitet.[1]

Eine zentrale Rolle bei der Entstehung der Krise spielten neuartige Finanzprodukte, die im Kern auf der Verbriefung und dem Weiterverkauf von Kreditrisiken beruhen. Der ursprüngliche – volkswirtschaftlich durchaus wünschenswerte – Zweck dieser Instrumente war es, Kreditrisiken breiter zu streuen, um so das Risiko für die einzelnen Finanzmarktakteure zu reduzieren und die Effizienz der Kreditmärkte zu erhöhen.[2] Paradoxerweise hat aber nicht zuletzt gerade der Erfolg und die massenhafte Verbreitung dieser Instrumente zu einem massiven Anwachsen der Kreditrisiken im Weltfinanzsystem insgesamt geführt, was dieses dann ab dem Sommer 2007 an den Rand einer Kernschmelze gebracht hat. Der völlige Zusammenbruch konnte letztlich nur dadurch abgewendet werden, dass der Staat mit Finanzspritzen und Bürgschaften in Milliardenhöhe in die Bresche sprang, um "systemisch relevante" Finanzinstitute zu retten, deren Insolvenz man wegen absehbar verheerender Auswirkungen auf das Finanzsystem als Ganzes nicht in Kauf nehmen wollte.

Die Finanzkrise wirft für das Strafrecht etliche schwierige Probleme auf. So kann man fragen, ob den Verantwortlichen nicht betrügerisches Handeln vorgeworfen werden muss, wenn Kredite zweifelhafter Bonität zu Wertpapieren verbrieft, diese sodann von Ratingagenturen mittels zweifelhafter finanzmathematischer Methoden mit dem Gütesiegel eines Triple-A-Ratings versehen und auf den Finanzmärkten weiterverkauft wurden. Ebenso kann man das Problem aufwerfen, ob nicht die damit offenbar in großem Umfang einhergehende Verschleierung der Risiken in den Bilanzen der betroffenen Institute bilanzrechtliche Straftatbestände erfüllt.[3]

1 Vgl. DER SPIEGEL Nr. 5/2010 S. 64 ff.

2 Dazu *Tett*, Fool's Gold, 2009, S. 60 ff.

3 Dazu umfassend *Rönnau* in diesem Band S. 43 ff.

Die folgenden Ausführungen werden sich nur auf einen einzigen Straftatbestand konzentrieren, den der Untreue nach § 266 StGB. Dabei möchte ich mich auf eine ganz bestimmte Fallkonstellation beschränken, nämlich das Geschäftsmodell von Portfolioinvestments in sog. "Collateral Debt Obligations" via eigens dafür geschaffener Zweckgesellschaften. Diese Konstellation lag der spektakulären Beinahepleite der IKB Deutsche Industriebank AG im Sommer 2007 zugrunde und auch die Fälle diverser Landesbanken wie der Bayerischen Landesbank, der Sachsen-LB und der HSH-Nordbank waren ganz ähnlich gelagert.[4] Jedenfalls im Hinblick auf das riskante Finanzierungsmodell gilt dies auch für den Fall der HypoRealEstate.

Ich werde zunächst den zugrunde liegenden Sachverhalt für den Fall der IKB näher erläutern (II). Danach soll untersucht werden, inwieweit den Verantwortlichen eine strafbare Untreue vorgeworfen werden kann (III). Der letzte Abschnitt widmet sich der Frage, ob eine strafrechtliche Verfolgung verfehlter Risikopolitik von Bankmanagern kriminalpolitisch zweckmäßig wäre (IV).

II. Zum Sachverhalt

Die IKB war ursprünglich ein Kreditinstitut mittlerer Größe (Bilanzsumme ca. 60 Mrd. Euro), das sich auf die Finanzierung mittelständischer Unternehmen spezialisiert hatte. Im Jahr 2001 begann die IKB mit dem Aufbau eines neuen Geschäftsfelds unter der Bezeichnung "Portfolioinvestments".

1. Einrichtung von Zweckgesellschaften (Conduits)

Zu diesem Zweck gründete die IKB mehrere Zweckgesellschaften (so genannte "Conduits"[5]), etwa die "Rhineland Funding" mit Sitz in Delaware, USA. An diesen Conduits hielt die IKB selbst keine Anteile, so dass es sich gesellschaftsrechtlich nicht um Tochtergesellschaften handelte, die in der IKB-Bilanz hätten konsolidiert werden müssen. Es bestand auch formal keine Weisungsbefugnis des IKB-Vorstands gegenüber der Geschäftsführung der Zweckgesellschaften. Diese bestand aber hauptsächlich aus ehemaligen IKB-Managern und agierte nicht unabhängig am Markt, sondern nur in Abstimmung mit dem Vorstand der faktischen Muttergesellschaft IKB. Die Zweckgesellschaften verfügten praktisch über keinerlei Eigenkapital. Bei der "Rhineland Funding" etwa betrug es gerade einmal 500 US-Dollar. Der Sinn dieser Konstruktion bestand neben steuerrechtlichen Erwägungen vor allem

4 Vgl. *Sinn*, Kasino-Kapitalismus, 2009, S. 65 f.

5 Zu den Conduits vgl. *Neumüller/Hochgatterer* in Stadler (Hrsg.), Die neue Unternehmensfinanzierung, 2004, S. 263 ff.; *Sinn* (Fn. 4), S. 165 f.

auch darin, dass die Zweckgesellschaften nicht dem deutschen Bankenaufsichtsrecht unterliegen sollten, so dass sie ihren Geschäften in einem weitgehend unregulierten Umfeld nachgehen konnten, in dem sie insbesondere nicht mit strengen Vorgaben zur Risikokontrolle und -vorsorge behelligt wurden.[6] Die Bundesanstalt für die Finanzdienstleistungsaufsicht hatte auf Zweckgesellschaften außerhalb der Bilanzen der von ihr überwachten Kreditinstitute keinen Zugriff. Die Zweckgesellschaften bildeten so ein System von "Schattenbanken", das außerhalb des bankenrechtlichen Regulierungsrahmens Finanzgeschäfte tätigen konnte.

2. Erwerb von Collateralized Debt Obligations

Die Geschäfte der Zweckgesellschaften bestanden insbesondere im Erwerb längerfristiger forderungsbesicherter Wertpapiere, so genannter "Collateral Debt Obligations", abgekürzt CDO. Diese bereits eingangs erwähnten komplexen Finanzinstrumente basierten auf der Bündelung und Verbriefung von Kreditforderungen in unterschiedlichen Tranchen.[7]

a) Funktionsweise von Kreditverbriefungen

Der Grundgedanke der Kreditverbriefung besteht darin, dass Risiken aus vergebenen Krediten nicht zwangsläufig beim Kreditgeber verbleiben müssen. Sie können vielmehr gestückelt und selbständig gehandelt werden, so dass die Zahlungsströme und Risiken aus den zugrundeliegenden Kreditforderungen nicht bei einem einzigen Marktteilnehmer verbleiben, sondern gleichsam auf viele Schultern verteilt werden. Kreditausfallrisiken lassen sich auf diese Weise breit streuen. Für die Kreditgeber, insbesondere Banken, bringt dies zudem den Vorteil mit sich, dass die Kreditrisiken aus der Bilanz eliminiert werden können. Da Banken rechtlich verpflichtet sind, riskante Bilanzposten mit haftendem Eigenkapital zu unterlegen,[8] führt das Entsorgen der Risiken dazu, dass wertvolles Eigenkapital nicht mehr gebunden ist, sondern rentableren Zwecken zugeführt werden kann.

6 Vgl. Sachverständigenrat zur Begutachtung der gesamtwirtschaftlichen Entwicklung, Jahresgutachten 2008/09 S. 120; De Larosière-Report der EU High-Level Group on Financial Supervision in the EU, 2009, S. 9.

7 Vgl. auch die Definition in § 226 SolvV. Näher zur Funktionsweise von Kreditverbriefungen und CDOs *Lancaster/Schultz/Fabozzi*, Structured Products and Related Credit Derivatives, 2008, S. 173 ff.; *Hofmann* in: Luz/Neus/Scharpf KWG-Kommentar, 2009, § 225 SolvV Rn. 3 ff. Gut verständliche Beschreibungen der Funktionsweise bei *Münchau*, Kernschmelze im Finanzsystem, 2008, S. 98 ff.; *Sinn* (Fn. 4), S. 127 ff.; *Tett* (Fn. 2), S. 59 ff.

8 Vgl. § 10 KWG, der nunmehr insb. durch die Vorschriften der Solvabilitätsverordnung (SolvV) konkretisiert wird.

Der Verbriefungsprozess beginnt zunächst damit, dass bestehende Kreditforderungen von den Banken an speziell dafür geschaffene Zweckgesellschaften weitergereicht werden. Dort werden diese Forderungen dann zu Tausenden in einem Pool gebündelt und verbrieft. Verbriefung meint, dass durch die Zweckgesellschaft Wertpapiere in Form von Anleihen ausgegeben werden, die einen Anspruch auf einen Anteil am Zahlungsfluss aus diesem Kreditpool (also Zins- und Tilgungsleistungen) gewähren. Die gebündelten Kreditforderungen dienen zugleich als Sicherheit für diese Anleihen, man spricht daher auch von asset-backed bzw. mortgage-backed securities (ABS bzw. MBS).

Der besondere Kniff bei der Verbriefung besteht darin, dass die Erwerber wirtschaftlich nicht einfach irgendeinen prozentualen Anteil des Cash-Flows aus dem Kreditpool erwerben und im Gegenzug ein anteiliges Risiko für den Ausfall der Kredite übernehmen. Die Anleihen werden vielmehr in so genannten Tranchen herausgegeben, die in einer bestimmten Rangfolge bedient werden (sog. strukturierte Finanzierung). Als Erstes werden die Ansprüche der so genannten Senior-Tranche bedient. Erst wenn die Ansprüche aus dieser Tranche vollständig befriedigt sind, wird die zweite, die Mezzanine-Tranche, bedient. Und erst wenn auch diese vollständig befriedigt worden ist, fließt der Cash-Flow auch in die niedrigste, die so genannte Equity-Tranche.

Dies hat zur Folge, dass sich das Kreditausfallrisiko im wesentlichen in der Equity-Tranche konzentriert. Ausfälle im Kreditportfolio, die zu einer Verringerung des Zahlungsstroms führen, machen sich zuerst dort bemerkbar, während die vorrangig bedienten Mezzanine- und Senior-Tranchen davon nicht tangiert werden. Insbesondere bei der Senior-Tranche, die den weitaus größten Anteil einer Verbriefung ausmacht, führen erst sehr großflächige Ausfälle im zugrunde liegenden Kreditpool dazu, dass die Ansprüche nicht mehr bedient werden können.

Dem unterschiedlichen Ausfallrisiko entspricht eine unterschiedliche Verzinsung der einzelnen Tranchen. Während in der Hochphase des Verbriefungsbooms für die stark risikobehaftete Equity-Tranche Zinsen von bis zu 25% gezahlt wurden, was sie insbesondere für spekulativ agierende Hedge-Fonds interessant machte, wurden für die Mezzanine- und Seniortranche entsprechend dem geringeren Risiko deutlich niedrigere Zinsen ausgezahlt. Bei der Senior-Tranche lagen die Zinsen üblicherweise noch bei ca. 4,5 - 5 %, was etwas besser war als der Zinssatz für normale Staatsanleihen.

Der Verbriefungsprozess war mit der Generierung von ABS bzw. MBS jedoch noch nicht notwendigerweise am Ende angelangt. Denn auch die Forderungen aus den Erstverbriefungen (den ABS bzw. MBS) konnten wiederum gepoolt und die Ansprüche auf den Zahlungsfluss zu Wertpapieren verbrieft werden. In diesem Fall sprach man dann von "Collateralized Debt Obligations". Auch diese Papiere konnten ihrerseits dann wieder gepoolt und verbrieft werden (das Ergebnis nannte man dann "CDO zum Quadrat" oder CDO^2). Theoretisch konnte die Verbriefungskette beliebig verlängert werden, so dass der Abstand zwischen dem ursprünglichen Kreditnehmer und dem Erwerber des letzten Wertpapiers am Ende der Kette, demjenigen also, der letztlich wirtschaftlich das Ausfallrisiko zu tragen hatte, immer größer wurde.

Abb. 1: Funktionsweise von Kreditverbriefungen

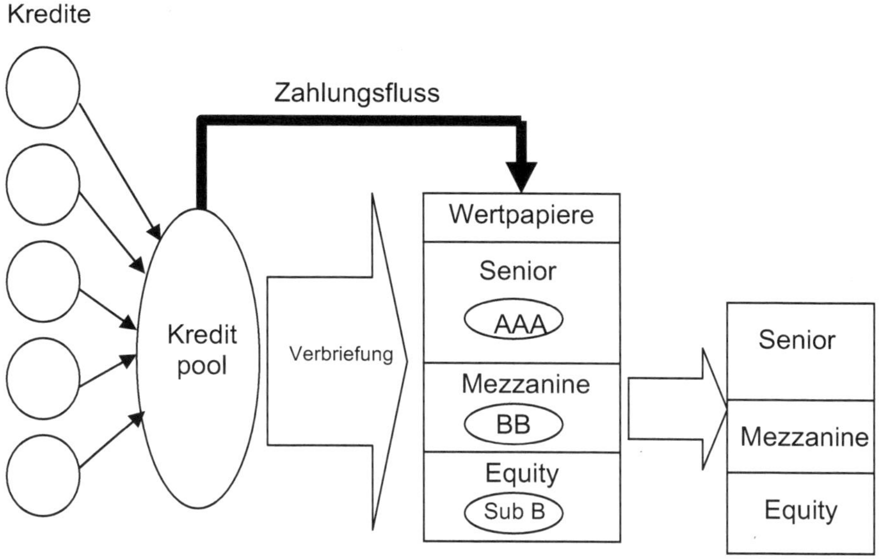

Neben den eben beschriebenen Verbriefungen aus den unmittelbaren Kreditforderungen spielten auch die Verbriefungen von Ansprüchen aus Kreditderivaten in Form so genannter Credit-Default-Swaps (CDS) eine wichtige Rolle. Bei einem CDS übernimmt der Zeichner gegen eine Gebühr das Ausfallrisiko für einen Kredit. Vereinfacht gesprochen handelt es sich also um eine Art Kreditversicherung. Auch CDS lassen sich bündeln und zu Tranchen verbriefen. Gegenstand der Verbriefung sind hier aber nicht mehr Zahlungsansprüche aus Krediten, sondern letztlich die Risiken aus diesen Krediten und die für diese zu leistenden "Versicherungsprämien". Aufgrund dieser abgeleiteten Natur der Ansprüche aus CDS bezeichnet man sie als Kreditderivate. Setzt sich eine CDO aus derartigen Derivaten zusammen, spricht man von einer "synthetischen CDO".[9]

[9] Zur Funktionsweise und Verbriefung von CDS vgl. *Fabozzi/Davis/Chaudry*, Introduction to Structured Finance, 2006, S. 45 ff.; *Achtelik* in: Boos/Fischer/Schulte-Mattler KWG-Kommentar, 3. Aufl. 2008, § 165 SolvV Rn. 2 ff.; gut verständliche Erläuterung bei *Münchau* (Fn. 7), S. 89 ff.; 111 ff.

b) Subprime-Hypotheken als Gegenstand der Verbriefung

Welche Kreditforderungen wurden nun verbrieft? Prinzipiell kommt fast jede Art von Kredit als Kandidat für eine Verbriefung in Betracht. Unternehmenskredite und Kreditkartenforderungen ebenso wie Konsumentendarlehen für den Autokauf. In der Praxis am bedeutsamsten waren vor Ausbruch der Krise aber insbesondere amerikanische Hypothekendarlehen. Viele dieser Hypothekenkredite gehörten zum so genannten "Subprime"-Segment, d.h. sie waren – gegen einen entsprechend höheren Zinssatz – an Schuldner von geringer Bonität vergeben worden, insbesondere an Bezieher niedriger Einkommen.[10] Die Vergabepraxis bei diesen Krediten erscheint rückblickend geradezu haarsträubend und scheint allen Regeln bankkaufmännischer Sorgfalt und Risikoabwägung Hohn zu sprechen. So wurden teilweise Kredite zum Immobilienerwerb an Personen vergeben, die weder einen Arbeitplatz noch ein sonstiges geregeltes Einkommen noch irgendwelche als Sicherheit in Betracht kommenden Vermögenswerte aufzuweisen hatte. Im Jargon der amerikanischen Kreditverkäufer nannte man diese Darlehen daher "Ninja"-Kredite (No income – no job – no assets). Die Hoffnung, dass diese Kredite tatsächlich zurückbezahlt würden, ruhte vor allem auf der Annahme, dass die Preise der als Kreditsicherheit dienenden Immobilen immer weiter steigen, jedenfalls aber nicht fallen würden.[11]

Wie ist eine derartige Vergabepraxis zu erklären? Mehrere Faktoren spielten eine Rolle. Zum einen war es politisch von der damaligen US-Regierung gewollt, dass auch Personen mit niedrigem Einkommen die Möglichkeit zum Bau eines Eigenheims erhalten sollten. Entsprechend schuf die Regierung Anreize zur Kreditvergabe. Auch eine lange Periode historisch niedriger Zinsen führte zu einer Ausweitung der Kredite. Vor allem aber schuf die Verbriefung eine Möglichkeit, Kredite sofort nach ihrer Vergabe weiterzureichen und so auch das Ausfallrisiko an andere Finanzmarktakteure zu übertragen. Das mögliche Ausfallrisiko war daher für einen Kreditgeber bei der Vergabe eines Kredits nicht mehr das entscheidende Kriterium. Die Verbriefungsmöglichkeit schuf stattdessen starke Anreize, möglichst viele und hohe Kredite zu vergeben, um von den Gebühren für den Abschluss und die spätere Verbriefung zu profitieren.[12] Das Verbriefungsgeschäft war so lukrativ, dass es bald schon zu einer Verknappung der als "Rohmaterial" für die Verbriefungen dienenden Kreditforderungen - kam.[13] Die Reaktion war eine Ausweitung der Kreditvergabe und die Erschließung neuer Kreditmärkte, wie zum Beispiel im Subprime-Segment des Hypothekenmarktes. Solange sich auf dem Kapitalmarkt Abnehmer für die Verbriefungen fanden, spielte dabei das Ausfallrisiko der vergebenen Kredite nur eine

10 Zu Subprime-Krediten vgl. auch *Shiller*, Die Subprime-Lösung, 2008 S. 23 ff.

11 *Shiller*, ebd. S. 82 f.

12 Vgl. Sachverständigenrat (Fn. 6), S. 120.

13 *Tett* (Fn. 2), S. 112.

untergeordnete Rolle, da es ja letztlich von den Käufern der verbrieften Produkte getragen würde.

c) Die Rolle der Rating-Agenturen

Für den Käufer eines auf verbrieften Krediten basierenden Wertpapiers war es normalerweise nicht ersichtlich, welche Kreditforderungen dem Papier im Einzelnen zugrunde lagen. Einer CDO konnten ohne weiteres mehrere hundert ABS/MBS zugrunde liegen, in denen wiederum jeweils mehrere hundert oder gar tausende Einzelkredite verbrieft sein konnten. Die Bonität der Schuldner der einzelnen Forderungen war daher für einen CDO-Erwerber regelmäßig nicht zu beurteilen.[14] Dies umso mehr, als sich während der Laufzeit des Papiers die Zusammensetzung des Kreditpools auch ändern konnte. Die Werthaltigkeit und Ausfallsicherheit des Papiers war daher für den Käufer nicht ohne weiteres überprüfbar. Diese Intransparenz wurde noch dadurch verstärkt, dass die Verbriefung wie geschildert oft nicht nur einmal, sondern in ganzen Verbriefungsketten erfolgte. Aufgrund dessen kam dem so genannten Rating eine entscheidende Bedeutung zu. Die Emittenten der CDOs ließen das Ausfallrisiko ihrer Papiere von einer der drei großen zugelassenen privaten Rating-Agenturen (Moodys, Standard & Poors und Fitch) überprüfen und bewerten.[15] Diese erteilten daraufhin eine Note, die auf den ersten Blick das statistische Ausfallrisiko des Papiers ersichtlich machen sollte. Die Note bestand in der Regel in einem Buchstabenkürzel, wobei die Bestnote ein Triple-A (AAA) war. Eine AAA-Bewertung signalisiert eine fast hundertprozentiges Ausfallsicherheit und wurde ursprünglich nur an Staatsanleihen oder Unternehmensanleihen allerhöchster Güte vergeben.

Aufgrund der Tranchierung bei der Verbriefung konnten nunmehr aber auch die CDO-Papiere aus der Senior-Tranche ein derartiges Spitzenrating erhalten, da nach den zugrundeliegenden finanzmathematischen Berechnungsmodellen deren Ausfallsicherheit ähnlich hoch war wie etwa die von deutschen Bundesschatzbriefen, obwohl hinter den Papieren letztlich nicht die Wirtschaftskraft eines Industrielandes steckte, sondern lediglich ein Bündel von Krediten, die jeder für sich betrachtet im Einzelfall durchaus ein erhebliches Ausfallrisiko aufweisen konnten.

14 *Sinn* (Fn. 4), S. 135 f.; anders *Gallandi*, wistra 2009, 41, 46 der von der Möglichkeit einer Bonitätsprüfung für jeden in der Verbriefung enthaltenen Einzelkredit auszugehen scheint.

15 Zur Rolle der Ratingagenturen vgl. *Möller*, JZ 2009, 861; *Kumpan*, Journal of Corporate Law Studies 2009, 261; sowie *Rönnau*, in diesem Band S. 44 ff. m.w.N.

3. Finanzierung der Conduits

Die von der IKB gegründeten Conduits erwarben fast ausschließlich CDO-Papiere aus der Seniortranche, also mit einem rechnerisch minimalen Ausfallrisiko. Entsprechend war die Verzinsung dieser Papiere auch relativ niedrig und lag nur knapp über der von Staatsanleihen. Lukrativ wurde dieses Geschäftsmodell erst durch die Art und Weise, in der die Zweckgesellschaften sich refinanzierten:

Der Erwerb der Wertpapiere erfolgte praktisch ausschließlich mit Fremdkapital. Dazu gaben die Conduits ihrerseits Wertpapiere heraus, Schuldverschreibungen in Form sogenannter Asset-Backed-Commercial-Papers (ABCP), für die die erworbenen CDOs als Sicherheit dienten. Da die Käufer von ABCPs (regelmäßig große institutionelle Anleger, die kurzfristig Liquidität parken müssen, z.B. Versicherungen) äußerst vorsichtig agierten, konnten die Conduits, die ja praktisch kein haftendes Eigenkapital aufweisen konnten, als Verkäufer auf diesem Markt nur auftreten, weil die hinter ihnen stehende IKB für die Liquidität der Conduits und die Bedienung der Forderungen aus den ABCPs gerade stand. Zu diesem Zweck räumte die IKB ihren Conduits Liquiditätsgarantien ein. Diese waren so ausgestaltet, dass sie bei der IKB nicht bilanzwirksam wurden und daher insbesondere auch keine Eigenkapitalunterlegung oder die Bildung von Rückstellungen erfordert hätte. So wurde eine Bilanzierungspflicht u.a. dadurch vermieden, dass die Garantien jeweils nur eine unterjährige Laufzeit hatten. Bei der IKB ging man dabei davon aus, dass die Garantien normalerweise nicht in Anspruch genommen werden würden, weil die Conduits auf dem ABCP-Markt stets frisches Kapital besorgen könnten.

Im Gegenzug für die Bereitstellung der Liquiditätsgarantien führten die Conduits ihre Gewinne an die IKB ab. Wie ließen sich aber mit dem Erwerb niedrigverzinslicher Papiere überhaupt nennenswerte Gewinne erzielen? Die Antwort liefert das Konzept des "carry-trades" bzw. der "Fristentransformation": Die Refinanzierung mittels ABCPs erfolgte nämlich außerordentlich kurzfristig. Die von den Zweckgesellschaften ausgegebenen Wertpapiere hatten eine Laufzeit von durchschnittlich nur drei Monaten, während die damit erworbenen CDOs regelmäßig eine Laufzeit von mindestens fünf Jahren aufwiesen. Weil die Zinsen für die kurzfristige Finanzierung aber deutlich niedriger waren als die Zinserträge aus den CDOs[16], ergab sich durch diese Fristentransformation[17] ein erheblicher Gewinn aus der Zinsdifferenz. Erst die Fristentransformation machte das Geschäftsmodell der Conduits lukrativ. Die Erträge waren dabei umso größer, je höher das fremdfinanzierte Anlagevolumen war. Da die Conduits durch keinerlei Bankenaufsicht gebremst wurden, die ihnen etwa Eigenkapitalrückstellungen oder sonstige Maßnahmen zur Risikovorsorge aufgenötigt hätten, konnten sie ihr fremdfinanziertes Geschäft in einem enormen Umfang betrei-

16 Die Zinsmarge konnte sich dabei durchaus zwischen 5 und 6 % bewegen, vgl. *Sinn* (Fn. 4), S. 65.

17 Dazu *Sinn* (Fn. 4), S. 70.

ben. So hielten die IKB und ihre Zweckgesellschaften im Jahr 2007 CDOs im Umfang von ca. 20 Mrd. Euro. Dem korrespondierten kurzfristige Verbindlichkeiten in derselben Höhe. Die Liquiditätsgarantien der IKB hatten zu diesem Zeitpunkt bereits ein Gesamtvolumen von 9,3 Mrd. Euro erreicht. Das Volumen bei der EZB refinanzierungsfähiger Titel in der Bilanz der IKB betrug demgegenüber lediglich 7,2 Mrd. Euro bei einer Gesamtbilanzsumme von ca. 60 Mrd. Euro.[18]

Abb. 2: Geschäftsmodell Portfolioinvestitionen

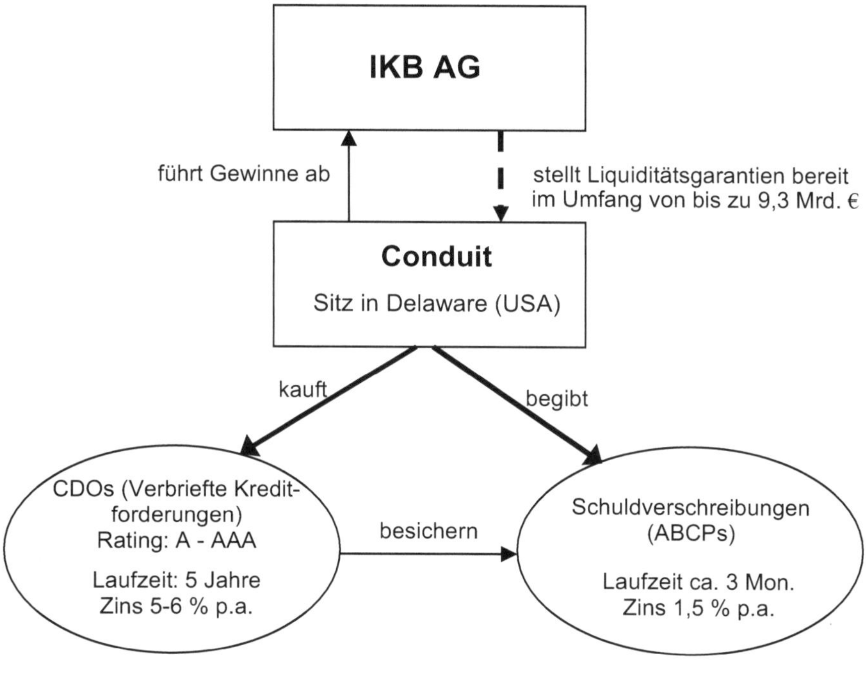

4. Zusammenbruch des Geschäftsmodells in der Finanzkrise

Die Gewinnschöpfung mittels Fristentransformation machte es freilich auch erforderlich, dass der gesamte Wertpapierbestand alle drei Monate komplett refinanziert werden musste. Das Geschäftsmodell konnte daher nur so lange funktionieren, wie sich auf dem ABCP-Markt genügend Käufer für die von den Conduits emittierten Papiere fanden. Dies war aber Mitte 2007 plötzlich nicht mehr der Fall. Zu diesem Zeitpunkt war es auf dem US-Immobilienmarkt nach einer Stagnation der Immobi-

18 Geschäftsbericht der IKB 2007/08 S. 48, 60, 81.

lienpreise zu erhöhten Ausfällen bei Hypothekenkrediten gekommen, insbesondere bei den so genannten "Subprime"-Hypotheken. Damit war aber auch die Ausfallsicherheit der Wertpapiere, die auf Verbriefungen solcher "Subprime"-Kredite beruhten, zweifelhaft geworden. Daraufhin stuften die Rating-Agenturen ihre Bewertungen für einzelne CDOs herab. Da es CDOs aufgrund der diesen Papieren eigenen Komplexität nicht anzusehen war, wie viel faul gewordene Subprime-Kredite in ihnen steckten, reagierte der Kapitalmarkt panisch und der gesamte Markt für CDO-Papiere brach binnen kürzester Zeit zusammen. Gleichzeitig fanden sich nun auch keine Kreditgeber mehr, die bereit gewesen wären, CDOs als Sicherheit für Kredite zu akzeptieren.[19] Die Zweckgesellschaften der IKB, die ihr nunmehr praktisch unverkäufliches CDO-Portfolio weiterhin refinanzieren mussten, kamen daher binnen kurzer Zeit in massive Liquiditätsnöte, weil ihre Refinanzierungsquellen über Nacht ausgetrocknet waren. Damit geriet aber auch die IKB selbst in eine akute Liquiditätskrise, da sie aus den Liquiditätsgarantien in Anspruch genommen wurde, die sie gegenüber ihren Conduits abgegeben hatte. Da die IKB keine ausreichenden liquiden Mittel vorrätig gehalten hatte, war sie mit der kurzfristigen Bereitstellung etlicher Milliarden hoffnungslos überfordert und praktisch zahlungsunfähig.[20] Daraufhin wurde eine in der deutschen Bankengeschichte bislang beispiellose Rettungsaktion initiiert, in deren Verlauf die Bundesrepublik Deutschland direkt oder über die KfW als Haupteigner der IKB dieser Kapitalspritzen in Milliardenhöhe zukommen ließen. Schlussendlich wurde die IKB für einen Kaufpreis von mutmaßlich 137 Mio. Euro[21] im Oktober 2008 an den Finanzinvestor Lone-Star verkauft. Auch nach dem Verkauf beantragte die IKB zur Sicherung ihrer Liquidität bei der Soffin noch Garantien in Höhe von mehreren Milliarden Euro. Insgesamt dürfte so alleine das Desaster bei der IKB den deutschen Steuerzahler bislang ca. 10 Milliarden Euro gekostet haben.[22]

III. Strafbarkeit der IKB-Verantwortlichen nach § 266 StGB

Die zunächst sehr lukrativen Portfolioinvestment-Aktivitäten waren also – jedenfalls ex post betrachtet – mit hohen Risiken behaftet, die letztlich sogar eine existenzgefährdende Liquiditätskrise bei der IKB herbeiführten. Können nun die verantwortlichen Vorstände der IKB für diese Krise strafrechtlich zur Verantwortung gezogen werden? Konkret: Liegt eine strafbare Untreue nach § 266 StGB zum Nachteil der

19 Dazu *Lancaster/Schultz/Fabozzi* (Fn. 7) S. 29 ff.; *Tett* (Fn. 2), S. 205 ff.

20 Geschäftsbericht der IKB 2007/08 S. 48.

21 Handelsblatt vom 19.6.2009, S. 1.

22 *Sinn* (Fn. 4), S. 187.

IKB AG vor, weil Liquiditätsgarantien in unvertretbarem Umfang für Zweckgesellschaften abgegeben wurden, die ein risikobehaftetes Geschäftsmodell verfolgten? Die Staatsanwaltschaft Düsseldorf hat dies verneint und ein entsprechendes Ermittlungsverfahren eingestellt, da den Beteiligten ihrer Ansicht nach kein Vorsatz nachzuweisen war.[23] Trotzdem lohnt es sich, die Frage der Untreuestrafbarkeit hier nochmals aufzuwerfen, zumal in den vom Sachverhalt her ähnlich gelagerten Fällen der HSH-Nordbank und der LBBW die Ermittlungen trotz der Düsseldorfer Einstellungsentscheidung weiterhin fortgesetzt werden und auch das OLG Düsseldorf in einem zivilrechtlichen Verfahren[24] im Zusammenhang mit dem IKB-Desaster zu Ergebnissen kam, die die Entscheidung der Düsseldorfer Staatsanwaltschaft möglicherweise voreilig erscheinen lassen.

Um den Tatbestand der Untreue zu erfüllen, müsste dieses Verhalten gegen eine Vermögensbetreuungspflicht verstoßen und zu einem Vermögensnachteil bei der IKB geführt haben. Zudem müsste den Betroffenen ein vorsätzliches Handeln nachgewiesen werden können.

1. Verstoß gegen eine Vermögensbetreuungspflicht

Den Vorstand einer AG trifft dieser gegenüber eine Vermögensbetreuungspflicht. Den Inhalt dieser Pflicht konkretisiert unter anderem § 93 I 1 AktG, wonach die Vorstandsmitglieder bei ihrer Geschäftsführung die Sorgfalt eines ordentlichen und gewissenhaften Geschäftsführers anzuwenden haben. Nach § 93 I 2 AktG steht ihnen bei der Ausübung ihrer Leitungstätigkeit ein erheblicher Ermessensspielraum zu. Nach dieser "Business-Judgement-Rule" ist eine Pflichtverletzung auszuschließen, wenn das Vorstandsmitglied bei seiner Entscheidung vernünftigerweise annehmen durfte, auf der Grundlage angemessener Information zum Wohle der Gesellschaft zu handeln. Das unternehmerische Ermessen des Vorstands endet aber in jedem Fall dort, wo der Bestand und die dauerhafte Rentabilität des Unternehmens bedroht werden.[25] Aus diesem Grund sind im Hinblick auf die Eingehung von Risiken, die für die Gesellschaft potentiell existenzbedrohende Konsequenzen haben können, besonders hohe Anforderungen an die Informationspflicht des Vorstands zu stellen.[26] Eine nicht pflichtwidrige Eingehung existenzbedrohender Risiken wird in der einschlägigen gesellschaftsrechtlichen Literatur zudem in erster Linie für Fälle diskutiert, in denen sich das Unternehmen bereits in der Krise befindet und das Ein-

[23] S. Wirtschaftswoche 51/2009 S. 56.

[24] OLG Düsseldorf v. 9.12.2009 - 6 W 45/09 = ZIP 2010, 28.

[25] *Hüffer*, AktG, 8. Aufl. 2008, § 76 Rz. 13; zum unternehmerischen Ermessensspielraum auch *Bosch/Lange,* JZ 2009, 225, 229 ff.

[26] *Spindler*, in: Münchner Kommentar zum AktG, 3. Aufl. 2008, § 93 Rz. 50; *Lutter,* in: FS 50 Jahre BGH, Bd. II, 2000, S. 321, 334.

gehen des Risikos unvermeidbar ist. Bei einem gesunden Unternehmen spricht hingegen vieles dafür, dass die Eingehung von Risiken, deren Realisierung die Existenz des Unternehmens bedrohen würde, schlechthin immer als pflichtwidrig anzusehen ist.[27] Im Bereich des Bankwesens werden die Sorgfaltspflichten des Managements zudem noch durch die Vorschriften des KWG und anderer Sondernormen[28] ergänzt, die unter anderem auch die Anforderungen an die Einrichtung von Risikomanagementsystemen regeln. Zu nennen ist hier etwa § 11 KWG i.V.m mit der Liquiditätsverordnung (LiqV), wonach Kreditinstitute verpflichtet sind, ihre Mittel so anzulegen, dass jederzeit eine ausreichende Zahlungsbereitschaft (Liquidität) gewährleistet ist. Auch wenn die KWG-Vorschriften selbst nicht unmittelbar Vermögensbetreuungspflichten i.S.v. § 266 StGB begründen, so konkretisieren sie doch die Pflicht zur Erhaltung des Bestands des Unternehmens aus § 93 AktG, so dass sie zumindest mittelbar als Maßstab für ordentliche und gewissenhafte Geschäftsführung herangezogen werden können.[29]

War nun die Bereitstellung von Liquiditätslinien für das Geschäftsmodell "Portfolioinvestments" der IKB-Zweckgesellschaften gemessen an diesen Maßstäben pflichtwidrig, weil damit unverhältnismäßige Risiken für den Bestand des Unternehmens verbunden waren?

Das von den Zweckgesellschaften verfolgte Geschäftsmodell war vor allem in zweierlei Hinsicht riskant. Zum einen im Hinblick auf das Ausfallrisiko der von den Conduits angekauften Wertpapiere. Zum anderen hinsichtlich der Art und Weise, wie diese Geschäfte refinanziert wurden.

a) Risiken aus dem Erwerb der CDOs

Bei den von den Conduits angeschafften Wertpapieren handelte es sich fast ausschließlich um solche aus der Senior-Tranche der jeweiligen Verbriefung. Die Ratings der Papiere lagen daher ganz überwiegend bei AAA bis A-. Laut Rating war die Ausfallwahrscheinlichkeit dieser Papiere daher minimal. Eine Einschätzung, die sich im Nachhinein dann allerdings als falsch herausstellen sollte.

Fraglich ist aber, ob das diesen Papieren innewohnende hohe Ausfallrisiko auch schon ex ante zum Zeitpunkt ihres Ankaufs objektiv erkennbar war. War dies nicht der Fall, so dürfte das verbleibende geringe Ausfallrisiko, wie es durch die Ratings ausgewiesen wurde, im Hinblick auf die einzelnen CDO-Investments durch die mit

27 So auch OLG Düsseldorf (Fn. 24) Rz. 51; *Waßmer*, Untreue bei Risikogeschäften, 1997, S. 79; *Lutter*, ZIP 2009, 197, 199.

28 Z.B. die von der BaFin herausgegebenen Mindestanforderungen an das Risikomanagement (MaRisk).

29 *Brüning/Samson*, ZIP 2009, 1089, 1093.

ihnen zu erzielenden Zinserträge kompensiert worden sein, so dass es insoweit an einer Pflichtverletzung gefehlt hätte.[30]

Da die Conduits aufgrund der komplexen Konstruktion der CDO-Papiere im Regelfall keine Möglichkeit hatten, deren Ausfallrisiko selbst einer umfassenden Bewertung zu unterziehen, verließen sie sich auf die Angaben der Rating-Agenturen. Fraglich ist nun, ob sie auf deren Angaben vertrauen durften. Waren die Ratings eine ausreichende Informationsbasis im Sinne der Business Judgment Rule des § 93 I 2 AktG oder gab es Anhaltspunkte dafür, dass diese Ratings womöglich das Ausfallrisiko der Papiere nicht zutreffend widerspiegelten?

Z.T. wird geltend gemacht, dass Zweifel an der Aussagekraft der Ratings schon durch die Common-Sense-Erwägung geweckt werden mussten, dass Anleihen, die von mit minimalem Eigenkapital ausgestatteten Zweckgesellschaften ausgegeben wurden, schwerlich ein ebenso niedriges Ausfallrisiko aufweisen konnten wie Staatsanleihen oder erstklassige Unternehmensanleihen. Zudem wird darauf hingewiesen, dass es allgemein bekannt war, dass in großem Umfang auch Subprime-Hypothekendarlehen an Schuldner von fragwürdiger Bonität verbrieft worden waren. Ebenso, dass die Vergabe dieser Kredite u.a. auf der fragwürdigen Prämisse beruhte, dass die Immobilienpreise in den USA auch in absehbarer Zukunft stetig weiter steigen würden.[31] Allerdings sorgte die oben beschriebene Form der Verbriefung in Tranchen mit unterschiedlicher Rangfolge ja gerade dafür, dass sich das Risiko in der Equity-Tranche konzentrierte und die Senior-Tranche praktisch ausfallsicher war. Nach den von den Rating-Agenturen zugrunde gelegten finanzmathematischen Modellen war es also durchaus möglich, einen Pool von Subprime-Krediten mit jeweils hohem Ausfallrisiko zu Wertpapieren zu verbriefen, deren Senior-Tranchen dann eine hohe Ausfallsicherheit aufwiesen und daher ein Triple-A-Rating erreichen konnten.[32]

Die Unzulänglichkeit dieser finanzmathematischen Modelle hat die Finanzkrise nun allerdings eindrucksvoll bewiesen. Dass die Bewertungsmethoden im Hinblick auf CDOs durchaus Schwächen hatten, war aber auch vor der Krise schon bekannt. Insbesondere wussten jedenfalls diejenigen, die sich näher mit der Materie befasst hatten, dass die Modelle notwendigerweise auf Vereinfachungen beruhten und Unwägbarkeiten enthielten. Denn bei aller finanzmathematischen Raffinesse beruhten sie letztlich darauf, Erfahrungswerte über tatsächliche Kreditausfälle in der Vergan-

[30] Zur Pflichtwidrigkeit bei Risikogeschäften *Schünemann* in: Leipziger Kommentar zum StGB, 11. Aufl. 1998, § 266 Rn. 96.

[31] *Lutter*, ZIP 2009, 197, 199. Das sich auf dem amerikanischen Immobilienmarkt eine Spekulationsblase gebildet hatte, soll schon vor dem Sommer 2007 erkennbar gewesen sein. So berichtet etwa die FAZ bereits in ihrer Ausgabe vom 23.6.2005 auf S. 21 von entsprechenden Hinweisen, vgl. *Strate*, BuceriusLaw Journal 2009, 78, 82 f.

[32] Anders anscheinend *Fischer*, NStZ-Sonderheft 2009, 15.

genheit für die Zukunft hochzurechnen. Insbesondere für die Subprime-Hypothekendarlehen existierten derartige Erfahrungswerte aber praktisch gar nicht, da diese Form von Darlehen erst seit kurzem Verbreitung gefunden hatte, nämlich seit es möglich geworden war, Kreditrisiken zu verbriefen und damit aus der Bankbilanz auszulagern.[33] Ein weiteres Manko dieser Modelle war es, dass sie isoliert auf die Ausfallwahrscheinlichkeit einzelner Kredite in einem Korb von Darlehensforderungen abstellten und nicht berücksichtigten, wie es sich auf das Ausfallrisiko des gesamten Korbes auswirkt, wenn einzelne Kreditausfälle den Ausfall weiterer Forderungen auslösen.[34]

Hinzu kam, dass sich die Ratingagenturen zur Bestimmung des Ausfallrisikos der CDOs derselben finanzmathematischen Modelle bedienten wie deren Emittenten. Daher konnten letztere ihre Produkte unter Ausnutzung von Schlupflöchern in den Modellen ganz gezielt so konfigurieren, dass sie möglichst oft das begehrte AAA-Rating für höchste Ausfallsicherheit erhielten. Eine Möglichkeit, von der auch Gebrauch gemacht wurde.[35] Die Rating-Agenturen wussten um diese Praxis, führten die gewünschten Ratings aber gleichwohl durch, da sie es sich mit ihrer Bankkundschaft nicht verscherzen und auch weiterhin üppige Gebühren für die Bewertung von CDOs kassieren wollten.[36]

Jedenfalls für professionelle Akteure am Finanzmarkt dürfte daher schon vor der Krise objektiv erkennbar gewesen sein, dass auf die Rating-Angaben kein hundertprozentiger Verlass war, so dass die Ausfallwahrscheinlichkeit der Papiere tatsächlich auch höher sein konnte.[37] Zu diesem Kreis der professionellen Akteure gehörten auch die Verantwortlichen der IKB. Die IKB kaufte über ihre Zweckgesellschaften nicht nur CDO-Papiere an, sondern führte auch selbst Verbriefungstransaktionen durch. Die Verantwortlichen kannten daher nicht nur die Käuferseite, sondern auch die gängigen Praktiken auf Seite der Verkäufer.

Hinzu kommt, dass für die Bewertung des mit dem Erwerb der Papiere verbundenen Risikos nicht nur das von den Rating-Agenturen zertifizierte Ausfallrisiko, sondern insbesondere auch das Marktpreisrisiko miteinbezogen werden muss. Das Marktpreisrisiko besteht darin, dass der Preis, der am Markt für ein Wertpapier gezahlt wird, fallen kann. Für die Conduits der IKB war dieses Marktpreisrisiko besonders relevant. Denn sie waren verpflichtet, den Wertpapierbestand in ihren Bilanzen nach dem Prinzip "mark to market" zu bewerten, also anhand des aktuellen Marktprei-

[33] Sachverständigenrat (Fn. 6), S. 182; *Tett* (Fn. 2), S. 119 ff.

[34] Vgl. Sachverständigenrat (Fn. 6), S. 120; *Münchau* (Fn. 7), S. 142 ff.

[35] *Tett* (Fn. 2), S. 118 ff.

[36] *Sinn* (Fn. 4), S. 143.

[37] So auch OLG Düsseldorf (Fn. 24) Rz. 49 f.

ses.[38] Der Marktpreis der Papiere war zudem entscheidend dafür, ob und mit welchem Wert die Papiere als Sicherheit für die Refinanzierung dienen konnten. Der Marktpreis wurde zwar grundsätzlich vom Ausfallrisiko der Papiere bestimmt, folgte diesem aber aufgrund der Struktur des Marktes für CDOs nicht eins zu eins. Anders als die Märkte etwa für Aktien oder Unternehmensanleihen war der Markt für Kreditverbriefungen nämlich nicht institutionalisiert. Der An- und Verkauf dieser Papiere wurde zumeist als sogenannte Over-the-Counter Geschäfte direkt zwischen den Beteiligten abgewickelt.[39] Ein Weiterverkauf der Papiere erfolgte nur relativ selten. Der Käufer behielt die Papiere stattdessen überwiegend bis zum Ende ihrer Laufzeit im Depot. Der Markt für CDOs war daher relativ klein und zudem außerordentlich labil. Denn weil die CDOs aus der Senior-Tranche für die Käufer im Regelfall gerade wegen ihrer mutmaßlich hundertprozentigen Ausfallsicherheit interessant waren, führte schon ein geringer Abschlag bei der Bonitätsbewertung zu erheblichen Abschlägen beim Marktpreis dieser Papiere. Diese Zusammenhänge waren bereits vor der Krise bekannt. So wird etwa schon im Jahr 2003 in einer Publikation der Hochschule für Bankwirtschaft darauf hingewiesen, dass das Marktpreisrisiko bei CDOs um ein vielfaches höher liegt als das eigentliche Bonitätsrisiko und dass bereits geringe Abschläge bei der Bonitätsbewertung dazu führen können, dass sich der Marktpreis des Papiers um 30% reduziert.[40]

Bereits der Erwerb der CDOs kann somit als ein Risikogeschäft qualifiziert werden. Das wirtschaftliche Risiko, insbesondere das Marktpreisrisiko, war dabei objektiv erkennbar deutlich höher als es im Bonitätsrating zum Ausdruck kam. Der Umstand, dass es sich um ein Risikogeschäft handelte, macht den Erwerb der Papiere nun nicht notwendigerweise von vornherein pflichtwidrig. Allerdings hätte es den Gepflogenheiten eines ordentlichen Kaufmanns entsprochen, sich gegen diese Risiken abzusichern. Speziell für Banken sehen etwa die Vorschriften des KWG oder die "Richtlinien für das Risikomanagement im Derivativgeschäft" des Basler Ausschusses für die Bankenaufsicht vor, dass risikobehaftete Tätigkeiten durch eine angemessene Eigenkapitalbasis zu unterlegen sind.[41] Das KWG verpflichtet darüber hinaus zur Einrichtung eines adäquaten Risikomanagements.[42] Dies ist bei der IKB im

38 *Münchau* (Fn. 7), S. 182; zu diesem Ansatz und seiner Rolle bei der Entwicklung der Finanzkrise vgl. *Sinn* (Fn 4), S. 164 ff.; *Laux/Leuz*, CFS-Workingpaper No. 2009/22 (abrufbar unter http://www.ifk-cfs.de/index.php?id=1629).

39 *Münchau* (Fn. 7), S. 138 f.

40 *Heidorn/König*, Investititonen in Collateral Debt Obligations, Publ. der HfB Nr. 44, 2003, S. 28. Vgl. auch *Auer*, Börsenzeitung v. 9.7.2009 S. 20.

41 Vgl. § 10 KWG, die Basler Richtlinien sind abrufbar im Internet unter http://www.bis.org/publ/bcbsc211de.pdf; dazu auch *Strate,* Bucerius Law Journal 2009, 78, 80 f.

42 § 25a I 2 KWG konkretisiert durch die von der BaFin herausgegebenen Mindestanforderungen an das Risikomanagement (MaRisk).

Hinblick auf die Geschäfte ihrer Zweckgesellschaften nicht oder jedenfalls nicht in ausreichendem Umfang geschehen. Die Conduits waren ja gerade aus der Erwägung heraus gegründet worden, die für inländische Banken geltenden strengen Vorschriften zur Risikokontrolle zu umgehen, die die Unterlegung riskanter Bilanzpositionen mit Eigenkapital vorsahen.[43] Die Zweckgesellschaften ermöglichten es dagegen, die Geschäfte außerhalb der Bankbilanz abzuwickeln und so das knappe Eigenkapital zu schonen und anderweitig gewinnbringender einzusetzen. Das CDO-Portfolio der Zweckgesellschaften hätte nie den gewaltigen Umfang annehmen können, den es im Sommer 2007 erreicht hatte, wenn es durch haftendes Eigenkapital hätte unterlegt werden müssen.

b) Risiken aus der Art und Weise der Refinanzierung

Der Erwerb der CDOs durch die Conduits war praktisch vollständig fremdfinanziert. Die Refinanzierung erfolgte dabei äußerst kurzfristig mit Laufzeiten von wenigen Monaten während die angekauften Papiere im Durchschnitt über fünf Jahre gehalten wurden.

Zu den "goldenen Regeln" bankkaufmännischen Verhaltens, wie sie auch im KWG ihren Niederschlag gefunden haben, gehört es seit jeher, langfristige Investitionen nicht kurzfristig zu refinanzieren.[44] Denn es besteht immer ein Risiko, dass die Mittel für die dann später notwendige Neufinanzierung gar nicht oder nur zu deutlich ungünstigeren Konditionen verfügbar sein werden. Dies kann fatale Auswirkungen auf die Liquidität haben.

Das Geschäftsmodell der IKB Zweckgesellschaften basierte nun geradezu darauf, gegen diesen Grundsatz systematisch und in größtem Stil zu verstoßen. Denn den Großteil ihrer Erträge erwirtschafteten die Zweckgesellschaften über die Fristentransformation, also die Differenz zwischen den Zinssätzen für die erworbenen Wertpapiere und den Zinsen, die sie für ihre kurzfristige Refinanzierung zu zahlen hatten. Freilich muss auch die Fristentransformation nicht in jedem Fall ein pflichtwidriges Geschäftsgebaren darstellen. Sie kann durchaus ein sinnvolles Finanzierungsinstrument darstellen, wenn sie in einem vertretbaren Rahmen erfolgt und gewährleistet ist, dass eine Unterbrechung des Refinanzierungsstroms nicht zu gefährlichen Liquiditätsengpässen führt.[45] Eine derartige Begrenzung und Absicherung des Liquiditätsrisikos erfolgte bei der IKB und ihren Conduits indes nicht oder zu-

43 Daher wertet das OLG Düsseldorf ihre Einrichtung auch als potentiellen Verstoß gegen die Anforderungen des § 25a I 2 KWG, vgl. OLG Düsseldorf (Fn. 24) Rz. 56.

44 Vgl. den Grundsatz II der BaFin über die Liquidität der Kreditinstitute (seit 2006 überführt in die LiqV) dazu *Müller-Gugenberger/Nack,* § 66 Rn. 19 ff.; *Neus* in Luz/Neus/Scharpf (Fn. 7) Einf. Rn. 94; *Zeranski* in Boos/Fischer/Schulte-Mattler (Fn. 9) vor LiqV Rn. 9 ff. Weitere Nachweise bei *Lutter,* ZIP 2009, 199 Fn. 10.

45 Dazu *Neus* in Luz/Neus/Scharpf (Fn. 7) Einf. Rn. 11, 28; *Sinn* (Fn. 4), S. 189.

mindest nicht in dem tatsächlich erforderlichen Umfang.[46] Möglicherweise wurde hier eine Lücke in den Regulierungsbestimmungen ausgenutzt, da nach den damaligen Vorschriften[47] Liquiditätszusagen im Zusammenhang mit Marktstörungen nicht für das Risikomanagement in Ansatz gebracht werden mussten.[48]

Stattdessen wurde das Anlagevolumen der Conduits immer weiter ausgedehnt. Damit erhöhten sich auch die kurzfristigen Verbindlichkeiten zur Refinanzierung mit der Folge, dass auch die Liquiditätsgarantien der IKB weiter ausgebaut werden mussten, bis sie im Jahr 2007 schließlich einen Umfang von 9,3 Mrd. Euro erreicht hatten. Dabei verfügte die IKB gar nicht über ausreichende flüssige Mittel, um die Liquiditätsgarantien vollständig zu bedienen, falls der Refinanzierungsfluss bei den Conduits ins Stocken geraten sollte, was dann im Sommer 2007 in abrupter Weise eintrat. Nun könnte man einwenden, die Verantwortlichen hätten sich darauf verlassen dürfen, dass sie im Notfall einfach Teile ihres Wertpapierbestandes verkaufen könnten, um sich so die nötigen Mittel zu beschaffen. Dass dies dann bei Ausbruch der Finanzkrise nicht gelang, weil auch erstklassig geratete CDO-Papiere binnen kürzester Frist unverkäuflich geworden waren, war indes ein Risiko, dass die Verantwortlichen in ihre Überlegungen ebenfalls hätten einbeziehen können und müssen. Gleiches gilt für das Risiko, dass in einer Krisensituation große Mengen Liquidität nicht ohne weiteres über den Interbankenmarkt beschafft werden können.

Denn angesichts der bereits beschriebenen besonderen Struktur des nichtinstitutionaliserten CDO-Marktes war dessen Zusammenbruch jedenfalls für die Akteure auf diesem Markt durchaus ein in Rechnung zu stellendes Risiko. Auch die bankaufsichtsrechtlichen Richtlinien für das Risikomanagement enthalten die Vorgabe, gerade Worst-Case-Szenarien zu berücksichtigen, wobei explizit auch Illiquiditäten einzelner Märkte als Beispiel für ein derartiges Szenario genannt werden.[49]

Da das Portfolio der IKB-Zweckgesellschaften außerdem praktisch ausschließlich Wertpapiere des Typs CDO enthielt, gab es auch keine anderen veräußerbaren Posten, durch deren Verkauf die Liquiditätslücke hätte geschlossen werden können. Die

46 Das Risikomanagement der IKB war für seine Liquiditätsstresstests angeblich davon ausgegangen, dass ein Marktversagen auf dem ABCP-Markt maximal 15 Tage andauern würde, vgl. IKB-Geschäftsbericht 2007 S. 81. Dem widerspricht allerdings das gleichzeitige Eingeständnis, davon ausgegangen zu sein, dass dieser Markt gar nicht zusammenbrechen könnte, ebd. S. 86.

47 Grundsatz I der BaFin über das Mindesteigenkapital der Institute Anhang IX Teil 4 Tz. 14 f., nunmehr § 239 Abs. 2 Nr. 1 a SolvV.

48 *Hofmann* in Luz/Neus/Scharpf (Fn. 7) § 238-241 SolvV Rn. 8 ff.

49 Vgl. Ziff III.6. der in Fn. 40 genannten Basler Richtlinien. Vgl. nunmehr auch die Erläuterungen der BaFin zu BTR 3.7 der MaRisk, wonach im Rahmen des Risikomanagements durchzuführende Stresstests auch Szenarien zu berücksichtigen haben, die auf marktweite Ereignisse zurückgehen.

einseitige Zusammensetzung des Portfolios begründete damit zusätzlich ein gefährliches und in dieser Höhe unvertretbares Klumpenrisiko.[50]

c) Existenzgefährdende Höhe des Risikos

Der Erwerb von CDOs und das dafür gewählte Finanzierungsmodell stellten somit schon für sich allein genommen beträchtliche Risiken dar, deren Eingehung allenfalls unter Beachtung von Sicherheitsvorkehrungen, insbesondere der Bildung ausreichender Liquiditätsrücklagen, hätte gerechtfertigt werden können. Vollends unvertretbar wurde das Risiko aber durch den enormen Umfang des CDO-Portfolios und den damit verbundenen extrem hohen kurzfristigen Refinanzierungsbedarf. Aus diesen Risiken, die zunächst einmal das Vermögen der Zweckgesellschaften betrafen, resultierte zugleich ein hohes Risiko für die IKB, aus den zugesagten Liquiditätsgarantien jedenfalls im Falle einer umfassenden Marktstörung, wie sie im Sommer 2007 auftrat, in Anspruch genommen zu werden.

Spätestens als diese Garantien einen Umfang erreicht hatten, dass ihre Inanspruchnahme durch die Liquiditätsreserven der IKB nicht mehr ohne weiteres gedeckt werden konnte, hatte das Risiko für die IKB ein existenzgefährdendes Ausmaß erreicht und die zuständigen Bankvorstände wären verpflichtet gewesen, einzugreifen. Konkret hätte dies bedeutet, das Geschäftsvolumen bei den Zweckgesellschaften auf ein verträgliches Maß zu reduzieren und eine adäquate Risikovorsorge zu betreiben. Denn die Grenzen der Risikotragfähigkeit der Bank sind jedenfalls dann überschritten, wenn – wie im Fall der Liquiditätsgarantie für Rhineland-Funding – bereits die vollständige Inanspruchnahme einer einzelnen Liquiditätslinie zu einem existenzgefährdenden Liquiditätsengpass führen kann.

Da die Reduzierung des Geschäftsvolumens bei den Zweckgesellschaften unterblieben ist, stellte die Aufrechterhaltung bzw. weitere Ausweitung der Liquiditätsgarantien für die Conduits eine Pflichtverletzung in Form der Schaffung eines unvertretbaren Risikos für den Bestand des Unternehmens dar. Diese Pflichtverletzung ist auch als gravierend[51] einzustufen, da die Pflicht zur Erhaltung des Unternehmens eine Hauptpflicht der Leitungsorgane darstellt, deren Verletzung hier die Grenzen unternehmerischen Ermessens überschreitet.[52] Zudem erfolgte sie auch unter gezielter Umgehung einschlägiger Vorschriften des Risikomanagements, indem die riskanten Geschäfte über eine außerhalb der Bilanz geführte Zweckgesellschaft abgewickelt wurden.

50 *Lutter,* ZIP 2009, 197, 199; OLG Düsseldorf (Fn. 24) Rz. 51.

51 Zu diesem Erfordernis siehe *Rönnau/Hohn,* NStZ 2004, 113, 118; *Schünemann*, NStZ 2005, 473.

52 Vgl. BGH NStZ 2006, 221, 222 ("Kinowelt").

Darüber hinaus könnte die Pflichtwidrigkeit womöglich auch dadurch begründet werden, dass dem Vorstand der IKB die Verfolgung eines Geschäftsmodells, das auf enorm hohen Investitionen in komplexe Finanzinstrumente basierte, schon durch den Satzungszweck untersagt war.[53] Laut § 2 ihrer Satzung war Gegenstand der unternehmerischen Tätigkeit der IKB nämlich die Förderung der gewerblichen Wirtschaft, insbesondere des Mittelstands. Allerdings gestattete der Satzungszweck auch ausdrücklich das Betreiben von Bankgeschäften aller Art und zu diesem Zweck auch die Gründung ausländischer Tochter- und Beteiligungsunternehmen. Da der Gewinn der Conduits an die IKB abgeführt wurde und so auch wieder deren eigentlichem Unternehmenszweck zugute kommen konnte erscheint der Schluss, die Portfolioinverstments seien schon von vornherein mit der IKB-Satzung unvereinbar gewesen, nicht unbedingt zwingend, selbst wenn man die enorme Dimension in Rechnung stellt, die diese Geschäfte mit der Zeit angenommen hatten und die die des Kerngeschäfts der IKB übertraf.

Im Ergebnis bestand ein pflichtwidriges Verhalten jedoch jedenfalls darin, Zweckgesellschaften einzurichten, die ein mit erheblichen Risiken behaftetes Geschäftsmodell verfolgten und dafür in einem so hohen Umfang Liquiditätsgarantien bereit zu stellen, dass ihre vollständige Inanspruchnahme die Leistungsfähigkeit der IKB übersteigen und zu einer existenzgefährdenden Liquiditätskrise führen musste.

2. Vermögensschaden

Bereits in der Bereitstellung der Garantien könnte eine schadensgleiche Vermögensgefährdung gesehen werden, da es sich um – wenn auch ungewisse – künftige Zahlungsverpflichtungen handelte. Die hier vorliegende Konstellation kann mit dem Fall der Gewährung einer Bürgschaft verglichen werden. Dies kann laut Rechtsprechung grundsätzlich einen Gefährdungsschaden begründen, wobei die Höhe des Schadens von der Wahrscheinlichkeit der Inanspruchnahme abhängen soll.[54]

Für eine Qualifikation als schadensgleiche Vermögensgefährdung sprechen im vorliegenden Fall insbesondere zwei Gesichtspunkte: Zum einen war der mögliche endgültige Schaden hier unvertretbar hoch, denn die vollständige Inanspruchnahme aus den Liquiditätsgarantien musste zur Zahlungsunfähigkeit und Existenzvernichtung des gesamten Unternehmens führen. Die Eingehung des Risikos führte also unmittelbar zu einem Risikoschaden.[55]

[53] So etwa das OLG Düsseldorf (Fn. 24) Rz. 30 ff.; ähnliche Argumentation in Bezug auf die Landesbanken bei *Lutter,* BB 2009, 786.

[54] BGH StV 2007, 31.

[55] Zur Unterscheidung zwischen Risiko- und Differenzschaden *Müller-Gugenberger/Nack* § 66 Rn. 101 ff.

Zum anderen war es für die Verantwortlichen in keiner Weise beherrschbar, ob sich das Risiko realisieren würde. Dies hing allein von der künftigen Entwicklung der Finanzmärkte ab.

Freilich ist zu berücksichtigen, dass die Realisierungswahrscheinlichkeit des Risikos hier verhältnismäßig gering war. Mit einer vollständigen Inanspruchnahme der Liquiditätslinien war nur für den Fall zu rechnen, dass der Markt für ABCPs zusammenbricht.

Die Unvertretbarkeit eines Risikos kann sich aber nicht nur aus einer hohen Wahrscheinlichkeit der Risikorealisierung ergeben[56], sondern auch aus der Höhe des aus der Realisierung zu befürchtenden Schadens. Vorliegend steht nicht irgendein Risiko in Rede, sondern eines, dessen Realisierung die Insolvenz der Gesellschaft zur Folge haben konnte. Bei einem solchen existenzgefährdenden – also letztlich schlimmstmöglichen – Risiko ist eine Unvertretbarkeit auch dann zu bejahen, wenn die Eintrittswahrscheinlichkeit nur relativ niedrig anzusetzen ist.[57]

Diese Eintrittswahrscheinlichkeit war zudem auch aus der ex-ante-Perspektive nicht völlig marginal. Denn das Auftreten einer Systemkrise im Finanzmarkt stellt keineswegs ein Ereignis dar, das noch niemals vorgekommen und daher völlig unvorhersehbar gewesen wäre. Vielmehr zeigen die Beispiele der Asienkrise und des Zusammenbruchs des Hedgefonds LTCM, dass mit derartigen Systemkrisen durchaus gerechnet werden kann und muss.[58]

Zudem soll unter dem Gesichtspunkt des individuellen Schadenseinschlags ein Gefährdungsschaden bereits bejaht werden können, wenn das Risiko in dieser Form von vornherein gar nicht hätte eingegangen werden dürfen.[59] Da dem Vorstand einer Bank die Eingehung existenzgefährdender Risiken für das Kreditinstitut schlechthin untersagt ist, könnte man auf dieser Grundlage einen Gefährdungsschaden trotz der geringen Realisierungswahrscheinlichkeit schon darin sehen, dass die IKB über das Geschäftsmodell ihrer Conduits überhaupt dem Risiko einer existenzgefährdenden

[56] Vgl. die bekannte Formel in BGH GA 1977, 343 "nach Art eines Spielers eine ... äußerst gesteigerte Verlustgefahr auf sich (nimmt)"; näher dazu *Fischer,* StGB, 57. Aufl. 2010, § 266 Rn. 67; LK-*Schünemann,* § 266 Rn. 95 ff.

[57] Die Risikomanagement-Vorgaben des Bankenaufsichtsrechts halten die Verantwortlichen ja auch gerade dazu an, auch Worst-Case-Szenarien zu berücksichtigen, vgl. oben Fn. 49.

[58] Ähnliche Einschätzung bei *Strate,* HRRS 2009, 441, 442; *ders.,* Bucerius Law Journal 2009, 78, 80.

[59] *Lenckner/Perron* in Schönke/Schröder, StGB, 27. Aufl. 2006, § 266 Rn. 45; *Hillenkamp,* NStZ 1981, 161, 166; *Ransiek,* ZStW 116 (2004) 634, 651 f., einschränkend *Schünemann,* Organuntreue – Das Mannesmannverfahren als Exempel?, 2004, S. 36. Für die Kritik an diesem Ansatz, wonach dadurch die Grenzen zwischen Pflichtwidrigkeit und Schaden verwischt werden, vgl. *Fischer* (Fn. 56), § 266 Rn. 159 m.w.N.

Liquiditätskrise ausgesetzt wurde, unabhängig davon, wie hoch die Realisierungswahrscheinlichkeit dieses Risikos war.

Zwar erhielt die IKB für die Bereitstellung der Garantien von ihren Zweckgesellschaften im Gegenzug deren Gewinne aus dem Wertpapiergeschäft überwiesen. Doch stellten diese Gewinnabführungen spätestens zu dem Zeitpunkt keine adäquate Kompensation mehr dar, als die Garantien einen derartigen Umfang erreicht hatten, dass die Risiken aus ihrer Inanspruchnahme für die IKB eine existenzgefährdende Dimension annahmen. Denn für eine Existenzgefährdung der Gesellschaft kann es keine adäquate Kompensation geben.

Als dann im Sommer 2007 das fragile Refinanzierungsmodell der Zweckgesellschaften zusammenbrach und diese die von der IKB gewährten Garantien tatsächlich in vollem Umfang in Anspruch nehmen mussten, realisierte sich die konkrete Vermögensgefährdung auch zu einem tatsächlichen Schaden.

Ein Pflichtwidrigkeitszusammenhang[60] zwischen Pflichtverletzung und Schaden wäre zu bejahen, denn der Schaden resultiert gerade aus dem Verstoß gegen die Eingehung objektiv erkennbarer unvertretbarer Risiken. Gleiches ergibt sich, wenn man die Pflichtverletzung auf eine unzureichende Risikoanalyse stützt. Denn selbst wenn man unterstellt, dass die Durchführung der riskanten Geschäfte auch bei umfassender Risikoanalyse erfolgt wäre, greift der Einwand pflichtgemäßen Alternativverhaltens hier nicht. Denn eine umfassende Risikoanalyse hätte die objektive Unvertretbarkeit des Risikos aus den Portfolioinvestitionen aufgezeigt, so dass die Eingehung dieser Risiken weiterhin pflichtwidrig gewesen wäre und zu dem dargelegten Vermögensnachteil geführt hätte.

3. Subjektiver Tatbestand

Eine Strafbarkeit aus § 266 setzt außerdem ein vorsätzliches Handeln des Täters voraus. Der Vorsatz muss dabei sowohl die Pflichtwidrigkeit als auch den Vermögensschaden umfassen. Im Rahmen dieses Beitrags können über die innere Tatseite bei den Verantwortlichen naturgemäß keine konkreten Aussagen getroffen werden. Im Folgenden sollen daher nur die Anforderungen konkretisiert werden, die im vorliegenden Fall an die subjektive Tatseite zu stellen wären, sowie einige Anhaltspunkte im Sachverhalt benannt werden, die auf bestimmte Kenntnisse bei den Verantwortlichen hindeuten.

[60] Zu diesem Kriterium SSW-StGB/*Saliger,* § 266 Rn. 81; *Schünemann,* Organuntreue (Fn. 59), S. 64 f.; *ders.,* NStZ 2005, 473, 475 f.

a) Vorsatz bzgl. der Pflichtwidrigkeit

Die Pflichtwidrigkeit bestand hier wie gesehen darin, dass durch die Gewährung von Liquiditätsgarantien für die Zweckgesellschaften ein unvertretbares existenzgefährdendes Risiko für die Gesellschaft geschaffen wurde. Der Vorsatz hinsichtlich der Pflichtwidrigkeit setzt daher zunächst einmal die Kenntnis der die Pflichtwidrigkeit begründenden Tatsachen voraus.[61] Das bedeutet konkret, dass den Verantwortlichen der Umfang der Risiken aus den Portfolioinvestments bekannt gewesen sein muss. Die Staatsanwaltschaft Düsseldorf hat dies verneint und deshalb das Ermittlungsverfahren gegen IKB-Vorstandsmitglieder wegen Untreue im Zusammenhang mit den Portfolioinvestments der Conduits eingestellt. Möglicherweise war dies jedoch voreilig.

Denn es deutet einiges darauf hin, dass die verantwortlichen Vorstände sowohl die Funktionsweise von CDOs als auch die mit ihnen einhergehenden Risiken durchaus gekannt haben.[62] Die fragwürdigen Praktiken im Geschäft mit der Verbriefung von Kreditforderungen mussten ihnen schon deshalb bekannt gewesen sein, weil die IKB nicht nur über ihre Zweckgesellschaften verbriefte Endprodukte ankaufte, sondern auch selbst Verbriefungen für Dritte vornahm.[63] Die Mechanismen und die Fehleranfälligkeit insbesondere des Ratingverfahrens dürften den Verantwortlichen daher bekannt gewesen sein. Dies legt die Annahme nahe, dass den Verantwortlichen bekannt gewesen war, dass das Ausfallrisiko der von den Conduits angeschafften CDO-Papier tatsächlich deutlich lag, als es in deren Ratings zum Ausdruck kam.

Und selbst wenn die Verantwortlichen tatsächlich blind darauf vertraut hätten, dass die von den Rating-Agenturen vergebene Triple-A-Bewertungen für die angeschafften CDOs zutreffend deren Ausfallrisiko wiedergaben, so dürften sie doch gleichwohl Kenntnis davon gehabt haben, dass das Marktpreisrisiko der Papiere tatsächlich deutlich höher war[64] und somit das Risiko, das durch einen plötzlichen Wertverlust dieser Papiere der auf ihrer Besicherbarkeit beruhende Refinanzierungsstrom ins Stocken geraten könnte. Vor allem aber war das in der kurzfristigen Refinanzierung des Wertpapierfolios liegende potentielle existenzgefährdende Liquiditätsrisiko angesichts der Bilanzrelationen evident.

Selbst wenn die Verantwortlichen glaubhaft machen könnten, die Risiken nicht oder nicht in vollem Umfang gekannt zu haben, etwa weil sie uneingeschränkt auf die

[61] LK-*Schünemann,* § 266 Rn. 153.

[62] Vgl. etwa speziell zum Fall der IKB die Einschätzung des OLG Düsseldorf (Fn. 24) Rz. 51; allgemein *Gallandi*, wistra 2009, 41, 45 f.

[63] IKB Geschäftsbericht 2007/08 S. 43.

[64] Dazu das bereits oben Fn. 40 zitierte Papier der Hochschule für Bankwirtschaft. Es ist anzunehmen, dass die vom Fortbildungsinstitut der Bankwirtschaft publizierten Fakten auch bei der IKB bekannt waren.

Einschätzungen der Rating-Agenturen vertrauten, müssten sie sich nach der neueren Rechtsprechung wohl vorhalten lassen, sich nicht ausreichend über die objektiv erkennbaren Risiken informiert zu haben.[65] Dann bestünde die Pflichtwidrigkeit in der unzureichenden Risikoanalyse und für einen diesbezüglichen Vorsatz würde es ausreichen, wenn ihnen – wovon auszugehen ist --diese Pflicht bekannt war.

Qualifiziert man die Pflichtwidrigkeit richtigerweise als gesamttatbewertendes Merkmal, so reicht die Kenntnis der das Risiko begründenden Tatsachen bereits für die Annahme eines Vorsatzes bzgl. der Pflichtwidrigkeit aus.[66] Dass die Verantwortlichen ihr Handeln auch selbst als pflichtwidrig bewertet haben, wäre demnach im Rahmen des Vorsatzes nicht erforderlich, sondern allenfalls unter dem Gesichtspunkt eines Verbotsirrtums zu berücksichtigen. Aber auch wenn man eine solche Bewertung zumindest in Form einer Parallelwertung in der Laiensphäre einfordern würde,[67] müsste man vorliegend davon ausgehen, dass den Bankvorständen ihre Pflicht zur Erhaltung des Bestands der Gesellschaft und das daraus resultierende Verbot, existenzgefährdende Risiken einzugehen, bekannt gewesen war.

b) Vorsatz im Hinblick auf den Vermögensschaden

Was den Vorsatz im Hinblick auf den Vermögensnachteil angeht, so kommt insoweit lediglich ein Vorsatz im Hinblick auf die Herbeiführung einer schadensgleichen Vermögensgefährdung in Betracht, denn man wird den Beteiligten kaum unterstellen können, dass sie tatsächlich eine akute Liquiditätskrise[68] ihres Instituts herbeiführen wollten. Die schadensgleiche Vermögensgefährdung ist freilich spätestens seit der Kanther-Entscheidung des Bundesgerichtshofs endgültig zu einem unübersichtlichen Terrain geworden. Der zweite Strafsenat hatte dort postuliert, dass der bedingte Vorsatz eines Gefährdungsschadens nicht nur die Kenntnis und Billigung der Gefahr voraussetze, sondern auch eine Billigung der Realisierung dieser Gefahr zumindest in dem Sinne, dass sich der Täter mit dem Eintritt des ihm unerwünschten Erfolges abfindet.[69] Wenig später hat der zweite Strafsenat diese Grundsätze dann

65 Vgl. die Ausführungen in der Entscheidung gegen den ehem. WestLB-Vorstand Sengera, BGH v. 13.8.2009 - 3 StR 576/08 ("Sengera") Rz. 42; dazu *Strate,* HRRS 2009, 441.

66 LK-*Schünemann,* § 266 Rn. 155; *ders.*, Organuntreue (Fn. 59), S. 66 f.

67 Siehe dazu S/S-*Lenckner/Perron,* § 266 Rn. 49; SSW-StGB/*Saliger,* § 266 Rn. 105. Nicht eindeutig die Position des BGH in NStZ 2006, 214, 217 (Mannesmann), dazu auch *Fischer* (Fn. 56), § 266 Rn. 174; *Rönnau,* NStZ 2006, 218, 221.

68 *Brüning/Samson,* stellen hingegen allein auf eine mögliche Vermögensgefährdung durch den Erwerb der CDO-Papiere ab, die sie dann wegen deren vermeintlicher Werthaltigkeit bis zum Zusammenbruch des Marktes ablehnen, ZIP 2009, 1089, 1094.

69 BGHSt 51, 100, 121; ebenso der 5. Strafsenat BGH NJW 2008, 1827, 1830. Zu dieser Konstruktion vgl. auch *Fischer* (Fn. 56), § 266 Rn. 178 ff.; *Bernsmann,* GA 2007, 219, 229 ff.; *Schünemann,* NStZ 2008, 430.

auch auf die Fallgruppe der Untreue im Wege pflichtwidriger Risikogeschäfte übertragen.[70] Der erste Strafsenat hat dieser Auffassung indes die Gefolgschaft verweigert. Seiner Ansicht nach kann bei Risikogeschäften allein die Kenntnis und Billigung der Gefahr ohne weiteres für die Bejahung eines (direkten) Vorsatzes ausreichen, wenn sich die Eingehung des Risikos bereits als unmittelbarer Vermögensnachteil darstellt, etwa weil den ausgezahlten Darlehensvaluta mangels ausreichender Sicherheiten nur ein minderwertiger Rückzahlungsanspruch gegenübersteht.[71]

Für den hier zu beurteilenden Fall könnte dies bedeuten, dass zumindest nach Auffassung des zweiten Senats ein Vorsatz zu verneinen wäre, weil sich die verantwortlichen Vorstände nicht mit der Realisierung der Gefahr abgefunden haben. Auch die Auffassung des ersten Senats, die den Schaden anhand bilanzieller Kriterien ermitteln will, stößt auf den ersten Blick an ihre Grenzen, da die Liquiditätsgarantien ganz gezielt so gestaltet worden waren, dass sie in der Bilanz nicht wirksam wurden so dass formal noch keine bilanziell berücksichtigungsfähige Vermögensminderung vorlag. Allerdings wird man dieses Kriterium im Sinne des wirtschaftlichen Vermögensbegriffs auch nicht im Sinne einer strengen Akzessorietät des Vermögensnachteils zum Bilanzrecht verstehen dürfen, sondern eher dahingehend, dass die bilanzrechtliche Beurteilung lediglich ein Indiz für die Beurteilung der Schadensfrage liefert.[72] Daher kann ein Vermögensnachteil auch dann anzunehmen sein, wenn die schadensbegründenden Umstände zwar formal korrekt nicht als Vermögensbelastung bilanziert wurden, dies aber materiell unter Umgehung des bilanzrechtlichen Grundsatzes der Bilanzwahrheit geschehen ist.

Unabhängig von den Meinungsverschiedenheiten zwischen dem ersten und zweiten Strafsenat spricht aber vieles dafür, jedenfalls in den Fällen, in denen ein vom Täter nicht beherrschbares Risiko von existenzgefährdender Dimension eingegangen wurde, bereits die Kenntnis des Risikos als solchem für einen Untreuevorsatz ausreichen zu lassen.[73] Bereits das Bestehen eines derartigen Risikos dürfte jedenfalls ein gewichtiges Indiz für eine Billigung darstellen bzw. mit einer feststellbaren quantifizierbaren Minderung des Vermögens gleichzusetzen sein, auch wenn diese bilanzrechtlich nicht zur Geltung kommt. In einem solchen Fall dürfte eine zusätzliche

[70] BGH NStZ 2007, 704.

[71] BGH NStZ 2008, 457; im Ergebnis auch *Bosch/Lange,* JZ 2009, 225, 228. 236.

[72] Ähnlich die Konzeption von *Hefendehl*, vgl. *ders*., in Münchner Kommentar zum StGB, § 263 Rn. 633.

[73] Auch BGHSt 46, 30, 35; 47, 148, 157 gehen davon aus, dass ein bedingter Vorsatz in der Regel stets anzunehmen sein wird, wenn ein Bankleiter erkennt, dass er durch ein Risikogeschäft die Existenz der Bank aufs Spiel setzt. Ähnlich auch *Schmitt* in: Noble-FS 2009, 1024.

Einschränkung im subjektiven Tatbestand aber wohl auch nach Ansicht des zweiten Strafsenats entbehrlich sein.[74]

Im Falle des Geschäftsmodells der IKB wäre demnach ein Vorsatz zu bejahen, weil davon ausgegangen werden kann, dass die verantwortlichen Vorstände Art und Umfang der Geschäfte der Zweckgesellschaften kannten und ihnen auch bewusst war, dass ein plötzlicher Wegfall von deren Refinanzierungsquellen aufgrund der abgegebenen Garantien unweigerlich zu einer existenzgefährdenden Liquiditätskrise für die IKB führen würde.

Aus Sicht der Beteiligten war die Eintrittswahrscheinlichkeit dieses Risikos allerdings verhältnismäßig gering, da sie nicht davon ausgingen, dass der ABCP-Markt, auf dem sich die Zweckgesellschaften refinanzierten, zusammenbrechen könnte. Wie bereits oben erläutert steht die geringe Realisierungswahrscheinlichkeit des Risikos aber der Annahme einer schadensgleichen Vermögensgefährdung nicht entgegen, wenn es sich um ein unvertretbares existenzgefährdendes Risiko handelt, bei dem schon die potentielle Höhe des endgültigen Schadens das Risiko zu einem berücksichtigungsfähigen Schadensposten werden lässt. Darauf, ob die Beteiligten mit der Realisierung des Schadens rechneten oder auf deren Ausbleiben vertraut haben, kommt es dann gar nicht mehr an.

Verlangt man für einen Vorsatz im Hinblick auf eine schadensgleiche Vermögensgefährdung von existenzgefährdender Qualität also lediglich die Kenntnis des Risikos, so wäre auch der subjektive Tatbestand des § 266 hier zu bejahen.

IV. Kriminalpolitische Zweckmäßigkeit

Eine Untreuestrafbarkeit aufgrund der Gewährung von Liquiditätsgarantien für das risikobehaftete Geschäftsmodell der Conduits lässt sich demnach begründen. Eine andere Frage ist es, ob eine strafrechtliche Ahndung in diesen Fällen kriminalpolitisch überhaupt zweckmäßig und geboten wäre.

1. Systemversagen oder individuelle Verantwortlichkeit?

Teilweise wird geltend gemacht, bei der globalen Finanzkrise handele es sich um ein anonymes Systemversagen und die Suche nach individuell Verantwortlichen sei daher von vornherein zum Scheitern verurteilt.[75] Doch das ist wenig überzeugend. Zwar wurde die globale Finanzkrise vor allem auch durch systemische Faktoren

[74] So im Ergebnis wohl auch *Fischer*, StraFo 2008, 269, 276; *ders.,* (Fn. 56). Rn. 184.

[75] *Sinn* (Fn. 4), S. 97.

hervorgerufen. Zu nennen wären hier etwa die Verfügbarkeit billigen Geldes durch eine lang anhaltende Niedrigzinspolitik der Zentralbanken oder der politische Wille in den USA, auch Personen ohne nennenswertes eigenes Vermögen den Erwerb einer eigenen Immobilie zu erleichtern.[76] All dies schuf zweifellos Anreize und ein Marktumfeld, das die hier in Rede stehenden Praktiken erst ermöglichte.

Wenn durch diese Praktiken aber individualisierbare Verantwortliche ganz konkret gegen bereits bestehende Pflichten und Normen verstoßen haben, so ist kein Grund ersichtlich, warum diese Normverstöße nicht auch geahndet werden sollten, auch wenn sie vor dem Hintergrund globalwirtschaftlicher Systemzusammenhänge geschehen sind.

In letzter Zeit ist zudem nicht selten zur Vorsicht gemahnt worden, was den Einsatz des Strafrechts zur Regulierung wirtschaftlicher Prozesse angeht.[77] Diesen Bedenken ist eine grundsätzliche Berechtigung zwar nicht abzusprechen. Für die hier in Rede stehenden Fallkonstellationen greifen sie aber m.E. nicht ein. Eine strafrechtliche Haftung für die Eingehung existenzgefährdender Risiken dient dem Schutz bereits durch den Untreue- und den Bankrotttatbestand anerkannter Rechtsgüter. Es geht dabei auch nicht um einen direkten steuernden Eingriff in das Wirtschaftsgeschehen, sondern nur um eine strafrechtliche Flankierung bereits bestehender anerkannter Regeln zur Risikovermeidung und -kontrolle.

2. Strafrechtliche Verantwortlichkeit als Ultima-Ratio

Freilich gilt auch für eine strafrechtliche Existenzgefährdungshaftung das Ultima-Ratio-Prinzip. Das Strafrecht darf erst dann zur Anwendung kommen, wenn der beabsichtigte Schutzzweck nicht schon durch mildere Maßnahmen erreicht werden kann. In der Tat werden ja im Zusammenhang mit der Finanzkrise bereits etliche außerstrafrechtliche Maßnahmen diskutiert bzw. sind z.T. bereits umgesetzt worden, insbesondere eine stärkere Regulierung der Finanzmärkte und eine Verschärfung des Aufsichtsrechts.[78] Die Verschärfung der Regeln für die Unterlegung von Risikogeschäften mit Eigenkapital gehört ebenso hierher wie strengere Vorschriften im Hinblick auf die Einrichtung und bilanzielle Berücksichtigung von Zweckgesellschaften.

Eine effektivere Regulierung der Finanzmärkte gehört sicher zu den notwendigen Konsequenzen, die aus der Finanzkrise zu ziehen sind. Fraglich ist aber, ob strengere aufsichtsrechtliche Vorgaben allein ausreichen, um den gewünschten Schutzzweck zu erreichen. Es spricht einiges dafür, dass solche Regulierungsvorschriften

[76] Vgl. dazu Sachverständigenrat (Fn. 6), S. 119 f.

[77] Vgl. *Hassemer*, wistra 2009, 169; *Lüderssen*, StV 2009, 486, 493.

[78] Dazu Sachverständigenrat (Fn. 6), S. 164 ff.; *Lüderssen,* StV 2009, 486, 491 f.

für ihre Wirksamkeit zusätzlich auch noch einer Flankierung durch strafrechtliche Vorschriften bedürfen. So gibt es Ökonomen, die der Ansicht sind, ein privatwirtschaftlich organisiertes Bankensystem enthalte ganz zwangsläufig Anreize, existenzgefährdende Risiken einzugehen. Dies deshalb, weil schon wegen des Instituts der beschränkten Haftung Konstellationen möglich sind, in denen ein Totalverlust aus diesen Risiken auf die Gläubiger der Bank bzw. die Steuerzahlcr abgewälzt werden kann, während die möglichen Gewinne allein bei der Bank bzw. deren Anteilseignern verbleiben. Diese Aussicht, mögliche Verluste zu sozialisieren, während die Gewinne privatisiert bleiben, führt demnach zu einer systemimmanenten übergroßen Risikobereitschaft.[79] Umso mehr trifft dies zu, wenn auch eine Insolvenz als sozusagen natürliche Sanktion des Marktes auf unverhältnismäßige Risikobereitschaft nicht eingreift, weil es sich bei den betroffenen Unternehmen um "systemisch relevante" Institutionen handelt, deren Zusammenbruch katastrophale Folgewirkungen für das Finanz- und Wirtschaftssystem im Ganzen zeitigen würde, so dass der Staat gezwungen ist, die Insolvenz durch Rettungsmaßnahmen abzuwenden, deren Kosten dann die Allgemeinheit zu tragen hat.

Trifft diese Annahme systemimmanter Anreize zu übergroßem Risiko zu, so ist es mehr als fraglich, ob eine strengere aufsichtsrechtliche Regulierung allein ausreichen kann, das Eingehen derartiger Risiken zu vermeiden. Denn solche Risiken mögen dann zwar verboten sein, bleiben aber gleichwohl verlockend und es besteht ein starker Anreiz, Regulierungsvorschriften zu umgehen.

Bildhaft: Wenn hungrige Füchse um den Hühnerstall schleichen, so kann man den Zaun um den Stall verstärken bzw. höher ziehen. Ein findiger Fuchs findet aber wahrscheinlich immer einen Weg, den Zaun zu überwinden. Daher bedarf es vielleicht zusätzlich noch eines scharfen Wachhundes, der dem Fuchs das Fell über die Ohren ziehen kann, wenn er sich in den Hühnerstall begibt. Nur dann steigt für den Fuchs sein persönliches Risiko derart an, dass er es vorziehen wird, seine Beute anderswo zu suchen.

Es geht also darum, das Eingehen schädlicher Risiken nicht nur regulativ zu untersagen, sondern daran auch Sanktionen anzuknüpfen, die so schmerzhaft sind, das sie das Eingehen solcher Risiken für die Akteure unattraktiv machen. Solche Sanktionen sind sowohl in Form eine zivilrechtlichen persönlichen Haftung als auch in Form einer strafrechtliche Verantwortlichkeit denkbar.

Eine zivilrechtliche Haftung des Managements für eine Verletzung ihrer Pflichten gegenüber der Gesellschaft ist insbesondere in § 93 Abs. 2 AktG vorgesehen. Sie umfasst dabei grundsätzlich auch fahrlässige Pflichtverstöße (wobei daraus resultierende Schadenersatzansprüche dann freilich häufig weitestgehend von D&O-Versicherungen übernommen werden). In der Praxis ist die Geltendmachung von Schadensersatzansprüchen auf Grundlage dieser Vorschrift freilich bislang eine

[79] Näher dazu *Sinn* (Fn. 4), S. 89 ff.

seltene Ausnahme, so dass die Präventionswirkung einer möglichen zivilrechtlichen Haftung eher gering einzuschätzen ist.[80] Hinzu kommt, dass zivilrechtliche Ersatzansprüche häufig erst geltend gemacht werden, nachdem der Sachverhalt bereits strafrechtlich aufgearbeitet wurde. So hat die bayrische Staatsregierung eine Schadenersatzklage gegen den ehemaligen Vorstandschef der Bayerischen Landesbank Werner Schmidt nur für den Fall in Erwägung gezogen, dass die gegen ihn gerichteten Ermittlungen wegen Untreue im Zusammenhang mit dem überteuerten Erwerb einer österreichischen Bank zu einer Anklage führen. Ähnliches gilt für den Fall Siemens, wo zivilrechtliche Klagen ebenfalls erst erhoben wurden, nachdem die Strafjustiz bereits beträchtliche Vorarbeit geleistet hatte. Dies dürfte daraus zu erklären sein, dass private Kläger durch das hohe Kostenrisiko von einer Klageerhebung abgeschreckt werden, wenn der Sachverhalt mit ungewissem Ergebnis im Zivilprozess ermittelt werden muss.[81] Faktisch fungiert daher das Strafrecht als eine Vorstufe für die zivilrechtliche Haftung, so dass letztere die erstere schon aus diesem Grund nicht ersetzen kann. Im Ergebnis dürfte daher eine persönliche strafrechtliche Verantwortlichkeit ein unverzichtbares Element rechtlicher Risikoregulierung im Finanzmarkt sein.[82]

3. Untreue als geeignete strafrechtliche Sanktionsnorm?

Es stellt sich aber die Frage, ob der § 266 von seinem Schutzzweck her überhaupt der richtige Kandidat für eine solche Aufgabe ist. Denn der Untreuetatbestand schützt nur die Vermögensinteressen der Bank und damit die ihrer Anteilseigner, er dient jedoch gerade nicht dem Schutz von Gläubigerinteressen oder gar denen des Steuerzahlers, der die Kosten staatlicher Rettungsmaßnahmen zu tragen hat.[83] Zwar werden diese Interessen reflexhaft mitgeschützt. Nach der Idee einer strafrechtlichen Existenzgefährdungshaftung, wie sie angesichts der Finanzkrise eingefordert wird, sollten die öffentlichen Interessen aber gerade im Zentrum des Schutzbereichs angesiedelt sein. In der öffentlichen Diskussion im Zusammenhang mit der Finanzkrise wird eine strafrechtliche Haftung der verantwortlichen Bankmanager ja nicht in erster Linie deswegen diskutiert, weil sie ihren Arbeitgeber und dessen Aktionäre geschädigt haben. Nicht selten trifft letztere wie im Falle des IKB-Hauptaktionärs KfW wegen Vernachlässigung ihrer Aufsichtspflicht möglicherweise selbst eine Mitschuld an dem Desaster. Der Ruf nach persönlicher Haftung für die Verantwort-

[80] *V. Werder,* ZIP 2009, 500, 505 f.

[81] Ähnlich *Bosch/Lange,* JZ 2009, 225, 226 f.

[82] Für eine generell skeptischere Betrachtung der Leistungsfähigkeit des Wirtschaftsstrafrechts vgl. aber *Hefendehl,* ZStW 2007, 816, 826 ff; *Lüderssen* in: Die Handlungsfreiheit des Unternehmers – Wirtschaftliche Perspektiven, strafrechtliche und ethische Schranken, 2009, S. 241, 284 ff.

[83] BGH NJW 2000, 154; *Fischer* (Fn. 56), § 266 Rn. 2.

lichen ertönt also vor allem aufgrund des durch die Bankenkrise verursachten volkswirtschaftlichen Schadens, den die Allgemeinheit zu tragen hat.

Daher wäre daran zu denken, anstatt auf die Untreue zurückzugreifen, einen einschlägigen Sondertatbestand zu schaffen, der ausdrücklich die vorsätzlich Eingehung existenzgefährdender Risiken sanktioniert. Im Hinblick auf seinen Schutzzweck könnte ein solcher Tatbestand bei den Bankrottdelikten verortet werden, wobei freilich die objektive Strafbarkeitsbedingung der Einleitung eines Insolvenzverfahrens entfallen müsste, da ja gerade die Konstellationen erfasst werden sollen, in denen die Insolvenz durch staatliche Rettungseingriffe abgewendet wird.[84] Soweit man die Haftung auf den Spezialfall der Existenzgefährdung von Banken beschränken möchte, wäre eine Verortung im KWG zweckmäßig. Für eine Beschränkung auf den Bankenbereich spricht auch, dass die angerichteten Schäden hier besonders groß sind und häufig Fälle "systemischer Relevanz" der betroffenen Kreditinstitute vorliegen werden, so dass eine Insolvenz ausscheidet. Da es um ein Verbot von Handlungen geht, die nicht nur das individuelle Kreditinstitut in seiner Existenz bedrohen, sondern die potentiell die Funktionsfähigkeit des Finanzsystems im Ganzen gefährden, scheint auch im Hinblick auf das betroffene Rechtsgut das KWG der geeignete Ort für eine entsprechende strafrechtliche Regelung zu sein.

V. Resümee

Zum Abschluss möchte ich das Ergebnis meiner Ausführungen noch in fünf Thesen zusammenfassen:

1. Die Bereitstellung von Liquiditätslinien für das Geschäftsmodell "Portfolioinvestments" der IKB verstieß gegen die Pflicht zur Erhaltung des Bestands des Unternehmens (§ 93 I AktG), weil dadurch ein unvertretbares existenzgefährdendes Risiko für die IKB-AG geschaffen wurde. Dieses Risiko ergab sich aus der Kombination folgender Faktoren:

   a) Beim Erwerb der verbrieften Kreditforderungen handelte es sich trotz deren ausgezeichneter Bewertung durch anerkannte Ratingagenturen um Risikogeschäfte.

   b) Die kurzfristige Refinanzierung dieser Geschäfte beschwor in dem vorgenommenen Umfang die Gefahr eines existenzgefährdenden Liquiditätsengpasses herauf.

   c) Eine adäquate Risikovorsorge, insb. ein Vorhalten ausreichender liquider Mittel, ist unterblieben.

[84] Vgl. etwa den Vorschlag von *Schünemann* in diesem Band S. 100 ff.

2. Die Bereitstellung der Liquiditätsgarantien stellte eine schadensgleiche Vermögensgefährdung jedenfalls ab dem Zeitpunkt dar, in dem die Inanspruchannahme der Garantien mangels ausreichender eigener Liquiditätsreserven zur Zahlungsunfähigkeit führen würde.

3. Für die Annahme eines Untreuevorsatzes reicht die Kenntnis des Täters vom Risiko jedenfalls dann aus, wenn es sich um ein die Existenz der Gesellschaft bedrohendes Risiko handelt, dessen Realisierung vom Täter nicht beherrscht werden kann.

4. Eine strafrechtliche Haftung für die Herbeiführung existenzgefährdender Krisen durch Eingehung unverhältnismäßiger Risiken ist jedenfalls im Bankenbereich kriminalpolitisch zweckmäßig.

5. Im Hinblick auf ihren Schutzzweck sollte diese Haftung nicht im Untreuetatbestand, sondern in einem neu zu schaffenden Sondertatbestand im KWG normiert werden.

Prof. Dr. Thomas Rönnau, Hamburg

Globale Finanzkrise – Quellen möglicher Strafbarkeitsrisiken*

Die rechtliche Aufarbeitung der globalen Finanzkrise hat gerade erst begonnen. Deshalb kommt das heutige prominent besuchte Andechser Symposium genau zur richtigen Zeit. Aus der Fülle der durch dieses „Jahrhundertereignis" auch für das Strafrecht aufgeworfenen Fragen kann ich in meinem Ko-Referat nur einige wenige Aspekte aus den Bereichen des Betrugs, der Bilanz- bzw. Falschangabedelikte sowie der Antragspflichtverletzung nach KWG ansprechen. Zu Strafbarkeitsrisiken aus dem Untreuetatbestand, den Herr Kasiske ausführlich behandelt hat, möchte ich allein am Schluss zwei Bemerkungen machen. Bei einer Vortragszeit von 20 Minuten muss ich mich allerdings darauf beschränken, Baustellen einzurichten und erste Pflöcke einzuschlagen; tiefere Bohrungen müssen später erfolgen. Die besondere Schwierigkeit der Bearbeitung des Themas bestand u.a. darin, dass – anders als etwa im Fall „Mannesmann" – die zu beurteilenden Sachverhalte bisher nur in Umrissen bekannt sind.

I. Betrug

Am Anfang des Vortrages sollen einige Gedanken zu einer möglichen Betrugsstrafbarkeit ausgewählter Finanzmarktakteure stehen. Angesprochen werden hier allein Problemfelder aus dem objektiven Tatbestand.

1. Täuschung durch Mitteilung des Ratings

Auf den Finanzmärkten existiert zwischen Käufern strukturierter Wertpapiere[1] und den diese emittierenden Banken regelmäßig ein erhebliches Informationsgefälle. Denn die Käufer wissen meist nicht, wie das dem Wertpapier zugrunde liegende Kreditportfolio zusammengesetzt ist und welche Bonität die originären Kreditschuldner haben. Hier kommen dann die Rating-Agenturen ins Spiel, deren Funktion

* Geringfügig ergänzte und mit Fußnoten versehene Fassung eines (Kurz-)Vortrags, den der Verfasser am 31.10.2009 auf der Andechser Europatagung gehalten hat. Der Vortragsstil wurde weitgehend beibehalten.

1 Ausführlich zu forderungsbesicherten Wertpapieren (Asset Backed Securities), insbesondere deren Gestaltungsformen, *Jahn*, in: Schimansky/Bunte/Lwowski (Hrsg.), Bankrechts-Handbuch, Bd. II, 3. Aufl. 2007, § 114a Rn. 1 ff.

es ist, gerade dieses Informationsdefizit abzumildern.[2] Liest man nun Aussagen von Finanzmarktkennern, wonach die regelmäßig vom Emittenten beauftragten Agenturen nicht selten ein „Rating on the edge" betrieben haben,[3] also dem Emittenten eine Portfolio-Struktur empfahlen, die sie – die Rating-Agenturen – gerade noch mit einem Triple A bewerten konnten,[4] ist an eine Betrugsstrafbarkeit zu denken. Vorstellbar ist hier eine Täuschung durch die Verantwortlichen der Rating-Agentur oder der Emittenten der Wertpapiere gegenüber dem Käufer. Behandeln möchte ich in diesem Zusammenhang nur eine Frage: Liegt in diesen Fällen gegenüber den Käufern eine Täuschung über Tatsachen durch Mitteilung des Ratings vor?

Die Antwort hängt maßgeblich davon ab, welchen Aussagegehalt eigentlich die Bewertung eines strukturierten Wertpapiers mit Bestnoten wie Triple A hat. Ein Rating ist nach h.M. nicht mehr als die prognostische Einschätzung der Fähigkeiten und Bereitschaft eines Schuldners, seine Verbindlichkeiten zu erfüllen.[5] Dabei sind zwei Grundtypen von Ratings zu unterscheiden: Beim sog. Unternehmens- oder Emittentenrating wird die Bonität eines emittierenden Unternehmens beurteilt, während sich das sog. Emissions-Rating – ausgehend vom Unternehmensrating – auf ein konkret vom Emittenten ausgegebenes Wertpapier bezieht. Das Rating erfolgt durch Einteilung in vorgegebene Bewertungskategorien mit entsprechenden Symbolen (Buchstaben und/oder Zahlenkombinationen).[6] Bei strukturierten Wertpapieren

2 Näher zur Funktion und Verbreitung von Ratings *Habersack*, ZHR 169 (2005), 185, 186; *Blaurock,* ZGR 2007, 603 ff.; weiterhin *v. Schweinitz*, WM 2008, 953; *Horn*, BKR 2008, 452, 457; *Schön/Cortez*, IRZ 2009, 11, 12, 16 f.; *Schröder*, Kriminalistik 2009, 12.

3 In diesem Sinne *Hartmann-Wendels*, FLF 2008, 252, 254; *Schön/Cortez,* IRZ 2009, 11, 16; auch *Horn,* BKR 2008, 452, 457: „Die Rating-Agenturen waren überfordert, gaben aber mit Rücksicht auf die zahlenden Mandanten gute Ratings ab, z.T. wider besseres Wissen, wie die amerikanische Börsenbehörde SEC feststellte."

4 So *Schön/Cortez*, IRZ 2009, 11, 16 f. Zur Rolle der Rating-Agenturen bei der Gestaltung der anschließend von ihnen bewerteten Produkten vgl. nur *Deipenbrock*, WM 2009, 1165, 1166. Hier ist wegen fehlender Unabhängigkeit der Rating-Agenturen die Qualität der Ratings in Frage gestellt. Die IOSCO hat in ihrem Code of Conduct Fundamentals im Mai 2008 auf dieses Strukturproblem reagiert. Nunmehr sollen die Rating-Agenturen ihren Analysten verbieten, bei dem Design derjenigen strukturierten Finanzprodukte zu beraten, die sie anschließend bewerten, s. *Deipenbrock* a.a.O. Näher zu möglichen Interessenkonflikten der Rating-Agenturen *Göres,* in: Habersack/Mülbert/Schlitt (Hrsg.), Handbuch der Kapitalmarktinformation, 2008, § 25 Rn. 21, 24 ff.; *Möllers*, JZ 2009, 861 ff. (mit weiterführenden Gedanken zur Regulierung von Ratingagenturen vor dem Hintergrund von neuem europäischen und amerikanischem Recht.

5 KG WM 2006, 1432, 1433; *Habersack,* ZHR 169 (2005), 185, 194 f., 200; *Blaurock,* ZGR 2007, 603 f., 627; *Eisen,* Haftung und Regulierung internationaler Rating-Agenturen, 2007, S. 305 m.w.N.; *Göres,* in: Habersack/Mülbert/Schlitt, § 25 Rn. 4 ff.; *v. Schweinitz,* WM 2008, 953; *Luttermann/Vahlenkamp,* ZIP 2003, 1629, 1635.

6 *Göres,* in: Habersack/Mülbert/Schlitt, § 25 Rn. 4 m.w.N.

bedeutet daher eine Spitzenbewertung im Kern lediglich, dass das Ausfallrisiko der Kreditforderungen, die dem Finanzprodukt zugrunde liegen, minimal ist.[7] Die anzustellende Prognose über die Wahrscheinlichkeit des Eintritts eines solchen Ausfalls wird zwar auf der Grundlage von Tatsachen gebildet, ist jedoch keine Tatsachenbehauptung, sondern eine standardisierte Meinungsäußerung – ein Werturteil,[8] wenngleich mit Tatsachenkern![9] Als Umstand der Vergangenheit oder Gegenwart (und damit als Tatsache) miterklärt worden sein könnte hier allenfalls die ordnungsgemäße Durchführung des Ratingvorgangs, d.h. dass die zur Berechnung dienenden Modelle lege artis angewandt und die vom Emittenten übermittelten Daten zugrunde gelegt wurden.[10] Der Emittent, der sich in seiner Veröffentlichung (etwa auf der Homepage des Unternehmens) auf das Rating bezieht, wiederum erklärt implizit vor allem, die Tatsachengrundlage für das Rating nicht manipuliert zu haben.[11]

7 Vgl. für verzinsliche Wertpapiere bzw. Schuldverschreibungen – statt vieler – *Eisen* (Fn. 5), S. 305, 402 („höchste Qualität, minimales Ausfallrisiko") und *Blaurock,* ZGR 2007, 603 f. – jew. m.w.N.

8 Deutlich für die Einordnung des Ratings als Werturteil (aus zivilrechtlicher Perspektive) KG WM 2006, 1432, 1433; *Habersack,* ZHR 169 (2005) 185, 195: „... im Kern ein Werturteil. Einer Überprüfung auf seine ‚Richtigkeit' ist es im Grundsatz ebenso entzogen wie die Urteile der Stiftung Warentest"; in der Sache ebenso *Eisen* (Fn. 5), S. 306 ff.; *Göres,* in: Habersack/Mülbert/Schlitt, § 25 Rn. 6: Rating als Ergebnis eines komplexen Würdigungs- und Meinungsbildungsprozesses, bei dem erhebliche Beurteilungs- und Bewertungsspielräume bestehen; *Blaurock,* ZGR 2007, 603 f., 627 f., 631.

9 In der Praxis wurden die Ratings aber entgegen ihrer eigentlichen Funktion als Informationsquelle (vgl. *Habersack*, ZHR 169 [2005], 185, 186, 200) nicht nur als Indikator für die Ausfallwahrscheinlichkeit, sondern stattdessen von den Investoren – angesichts der Unübersichtlichkeit des Kapitalmarktes und der begehrten Entlastung von der eigenen Prüfung der Produkte – zumeist als Empfehlung zum Kauf, Verkauf oder Halten bestimmter Titel verstanden, vgl. *Schön/Cortez*, IRZ 2009, 11, 17.

10 Zu möglichen Anknüpfungspunkten einer (zivilrechtlichen) Haftung wegen fehlerhaften Ratings s. *Blaurock*, ZGR 2007, 603, 627 ff.; weiterhin *Wildmoser/Schiffer/Langoth,* RIW 2009, 657, 660 ff. mit einem Plädoyer für eine Haftung aus Vertrag mit Schutzwirkung zu Gunsten Dritter. Dort (S. 666 f.) auch zur Wirksamkeit von (vertraglichen) Haftungsfreizeichnungen durch Ratingagenturen: Maßgeblich ist immer der nach außen tretende Vertrauenstatbestand; die (Schutz-)Behauptung, Anleger würden aufgrund eigener Prüfungen ihre Anlageentscheidungen treffen, geht an der Wirklichkeit vorbei.

11 Es bleibt abzuwarten, inwieweit die Strafrechtsprechung zur Erfassung einschlägiger Fälle durch den Betrugstatbestand den Täuschungsbegriff normativieren wird, also beispielsweise bei der Veröffentlichung eines Ratings als miterklärt behauptet, dass die (hohe) Qualität der im Kreditportfolio zusammengefassten Forderungen selbst geprüft wurde, die Strukturierung der Wertpapiere mit anderen, ebenfalls mit einer Bestnote versehenen Finanzprodukte (insb. US-Staatsanleihen) im Wesentlichen vergleichbar ist oder selbst bei schlechter Bonität des Schuldners eine Vollstreckung gegen diesen erfolgreich sein würde. Zur Tendenz der Rechtsprechung zu einer Normativierung des Täuschungs-

Daher täuscht durch Mitteilung des Ratingergebnisses nur derjenige, der als Emittent oder Verantwortlicher einer Rating-Agentur dem Rating gezielt falsche Tatsachen zugrundelegt oder die angewandten Bewertungsverfahren sonst gezielt manipuliert. Davon ist in den Fällen einer marktweiten Fehleinschätzung der Risiken kaum auszugehen. Der Vorwurf des Betruges wird sich daher unter Hinweis auf zu gute Bonitätsbewertungen nur selten erhärten lassen. Lässt sich doch einmal eine Täuschung feststellen, schließt der Einwand, es handele sich bei den Käufern meistens um (vermeintliche) Kenner des Marktes, dagegen einen Irrtum grundsätzlich nicht aus.[12] Denn an einer Fehlvorstellung fehlt es allenfalls dann, wenn dem Verfügenden die Wahrheit der behaupteten Tatsache völlig gleichgültig ist.[13] Selbst starke Zweifel über die Richtigkeit der Information schaden danach nicht.[14]

2. Betrugsstrafbarkeit durch Veräußerung von „Lehmann-Zertifikaten"?

Im Betrugskontext sei noch kurz auf die Insolvenz von Lehman Brothers eingegangen – ein Ereignis, das wie kein zweites für die Finanzkrise steht und viele Privatanleger geschädigt hat. Was war passiert? Deutsche Kreditinstitute hatten in erheblichem Umfang sog. „Lehman-Zertifikate"[15] erworben, um diese vornehmlich an Privatkunden weiterzuveräußern. Bei dieser Art von Kapitalanlage „wettet" der Anleger auf die Kursentwicklung eines Wertpapiers, eines Indexes oder eines Rohstoffpreises.[16] Entwickelt sich der Kurs innerhalb der Laufzeit positiv, erhält der

begriffes vgl. etwa BGHSt 51, 165 – *„Hoyzer"*; dazu nur *Saliger/Rönnau/Kirch-Heim*, NStZ 2007, 361, 362 ff. und *Jahn/Maier*, JuS 2007, 215, 216 ff.

12 In diese Richtung aber *Gallandi,* wistra 2009, 41, 43 f., der bereits die Möglichkeit einer Täuschung unter „Insidern" bezweifelt.

13 Hierzu *Mitsch,* Strafrecht BT 2/1, 2. Aufl. 2003, S. 454; *Satzger*, in: Satzger/Schmitt/Widmaier, StGB, 2009, § 263 Rn. 79 m.w.N.; aus der Rspr. zu irrtumsirrelevanten Zweifeln s. BGHSt 47, 83, 88; BGH wistra 1990, 305.

14 Vgl. *Cramer/Perron*, in: Schönke/Schröder, StGB, 27. Aufl. 2006, § 263 Rn. 40 m.w.N.

15 Prinzipiell handelt es sich bei Zertifikaten um sog. „strukturierte Anlageprodukte", die rechtlich als (Teil-)Inhaberschuldverschreibungen i.S.d. §§ 793 ff. BGB zu qualifizieren sind; näher dazu BGH ZIP 2004, 1636, 1637; *Köndgen/Schmies*, in: Schimansky/Bunte/Lwowski, Bankrechts-Handbuch, § 113 Rn. 56; *Witte/Mehrbrey,* ZIP 2009, 744, 745.

16 Tatsächlich wurden und werden Zertifikate mit unterschiedlichsten Strukturen gehandelt. So kann nicht nur die Entwicklung einer Aktie oder eines Aktienindexes abgebildet werden, sondern auch das Verhältnis verschiedener Aktien, Indizes oder Rohstoffpreise zueinander. Verbreitet sind auch Papiere, deren Gegenstand die Entwicklung eines vom Emittenten zusammengestellten „Aktienkorbes" ist oder die an die Wertentwicklung verschiedener Hedgefonds geknüpft sind. Die in den zivilgerichtlichen Verfahren jeweils streitgegenständlichen Produkte werden in den Tatbeständen der landgerichtlichen Urteile ausführlich beschrieben, vgl. etwa LG Hamburg WM 2009, 1282; LG Chemnitz WM 2009, 1505, 1506.

Anleger sein Kapital zuzüglich Zinsen zurück, wobei der Zinssatz mit der Laufzeit des Papiers ansteigt.[17] Bleibt der Kursverlauf bis zum Ende der Vertragszeit – i.d.R. 4-5 Jahre – negativ, so bekommt der Anleger je nach Vertragstypus entweder sein Anlagekapital zurück oder dieses wird prozentual im Verhältnis zur Indexentwicklung gemindert. Emittentin der Papiere war hier eine niederländische Tochter der Lehman Brothers Holdings Inc., New York, der seinerzeit viertgrößten US-Investmentbank. Da diese Tochtergesellschaft über keinerlei eigene Mittel verfügte, übernahm die Konzernmutter eine Garantie für die Sicherheit des Anlagekapitals.

Was dann geschah, ist inzwischen allgemein bekannt. Lehman Brothers – die bis dahin allgemein als „too big to fail“ galt – wurde von der US-Regierung nicht gestützt und musste im September 2008 den Gläubigerschutz nach Chapter 11 des US-amerikanischen Konkursrechts beantragen. Damit war auch das Kapital der deutschen Privatanleger, die in den Jahren 2006 und 2007 auf Vorschlag ihrer Bankberater in Lehman-Zertifikate investiert hatten, (weitgehend) verloren.[18] Die entsprechenden Empfehlungen sind aktuell Gegenstand zivilrechtlicher Haftungsprozesse, in denen erstinstanzlich bereits mehrere Beklagte (Banken, Sparkassen) zu Schadensersatz gem. § 280 I BGB wegen Falschberatung verurteilt worden sind.[19] Dabei erhobene Vorwürfe oder festgestellte Aufklärungspflichtverletzungen[20] können mög-

17 Referenzgröße ist dabei der sog. Basiswert, d.h. der Kurs der Aktie (des Indexes usw.) an einem bestimmten Ausgangsstichtag. Mit diesem Basiswert wird die Kursentwicklung an mehreren im Voraus festgelegten sog. Bewertungstagen während der Laufzeit – i.d.R. einmal jährlich – verglichen. Wird der Basiswert am Bewertungstag erreicht oder überschritten, so erfolgt eine Auszahlung nebst Zinsaufschlag, andernfalls verlängert sich die Laufzeit. Der Zinssatz ist dabei am zweiten Bewertungstag höher als am ersten, am dritten höher als am zweiten etc.

18 Aus den durch die Zertifikate vermittelten Ansprüchen wurden ungesicherte Insolvenzforderungen; zum Sachverhalt näher *Witte/Mehrbrey,* ZIP 2009, 744.

19 Bejaht wurden Schadensersatzansprüche in mehreren Urteilen des LG Hamburg (WM 2009, 1282 ff.; 1363 ff.; 1511 ff.), in einer Entscheidung des LG Frankfurt a.M. (WM 2009, 947 f.; anders dass. in WM 2009, 17 f.) sowie des LG Chemnitz (WM 2009, 1505 ff.). Das LG Stuttgart (WM 2009, 1697 ff.), das LG Itzehoe (WM 2009, 1745 ff.) und jüngstens das LG Potsdam (WM 2009, 2043 ff.) wiesen dagegen entsprechende Klagen ab; nachdrücklich gegen eine Schadensersatzpflicht *Veil,* WM 2009, 1585, 1587 ff.; ablehnend auch *Witte/Mehrbrey,* ZIP 2009, 744, 746 ff. (unter Einbeziehung von Ansprüchen gem. § 823 Abs. 2 BGB i.V.m. § 263 StGB und § 826 BGB – allerdings ohne Begründung).

20 Die Pflichten des Anlageberaters wurden vom BGH in der grundlegenden „Bond-Entscheidung“ (BGHZ 123, 126 = NJW 1993, 2433) dezidiert herausgearbeitet. Danach schuldet die Bank zum einen eine *anlegergerechte* Beratung, also eine an den persönlichen Verhältnissen und Bedürfnissen des Anlegers orientierte Empfehlung, und zum anderen eine *anlagegerechte* Beratung, also vor allem eine wahrheitsgemäße, sachgerechte und vollständige Aufklärung über das empfohlene Produkt; vgl. zusf. *v. Hey-*

licherweise als Anknüpfungspunkte einer betrugsrelevanten Täuschung durch Unterlassen (§§ 263, 13 StGB) in Betracht kommen. Die Garantenpflicht wird jeweils aus dem Beratervertrag (§ 675 I BGB) abzuleiten sein.[21]

Eine Täuschung über das Emittentenrisiko – also die Gefahr einer Insolvenz von Lehman Brothers – scheitert aber schon daran, dass es jedenfalls bis Mitte 2008 angesichts der überaus positiven Ratings zur Bonität von Lehman Brothers keinerlei Anhaltspunkte für einen Zusammenbruch des Unternehmens gab, so dass es bereits an einer diesbezüglichen Aufklärungspflicht fehlt.[22]

Nicht gefolgt werden kann im Weiteren dem LG Hamburg,[23] wenn es eine Pflichtverletzung in der unterlassenen Information darüber erblickt, dass die Zertifikate bei einem Ausfall des Emittenten nicht von der bundesdeutschen gesetzlichen Einlagensicherung[24] erfasst waren. Denn ein Insolvenz- und damit Totalverlustrisiko, dessen Realisierung nach damals allgemein geteilter Ansicht völlig unrealistisch war, hat (bzw. kann) für die Investitionsentscheidung eines verständigen Anlegers keine wesentliche Bedeutung (haben).[25] Damit kann das Bestehen einer Einlagensicherung, die ja nur für den Fall einer Insolvenz des Emittenten eingreift, keine Rolle spielen. Ohne das hier näher ausführen zu können, scheint mir daher auch dieser Aspekt für einen Vorwurf des Betrugs durch Unterlassen nicht geeignet zu sein.

mann/Edelmann, in: Assmann/Schütze (Hrsg.), Handbuch des Kapitalanlagerechts, 3. Aufl. 2007, § 4 Rn. 18 ff. m.w.N.

21 Zum Beratungsvertrag als Quelle von Garantenpflichten *Zieschang*, in: Park (Hrsg.), Kapitalmarktstrafrecht, 2. Aufl. 2008, Teil 3 Kap. 1 T1 Rn. 41; *Janssen*, in: Achenbach/Ransiek (Hrsg.), Handbuch Wirtschaftsstrafrecht, 2. Aufl. 2008, V 1 Rn. 60; *Fischer*, StGB, 57. Aufl. 2010, § 263 Rn. 45.

22 Insofern bestand unter den zivilrechtlich mit diesem Themenkomplex befassten Landgerichten (oben Fn. 19) Einigkeit. Nach *Witte/Mehrbrey* (ZIP 2009, 744, 746) war das Insolvenzrisiko selbst bis wenige Tage vor Stellung des Insolvenzantrags am 15.9.2008 fernliegend; ebenso *Veil,* WM 2009, 1585, 1587 f.

23 WM 2009, 1282, 1285; WM 2009, 1511, 1512; dagegen aber LG Frankfurt a.M. WM 2009, 17 f.; LG Stuttgart WM 2009, 1697, 1700.

24 Diese dient prinzipiell dem Schutz des Kleinanlegers für den Fall, dass ein Kreditinstitut insolvent wird und dem Kunden infolgedessen Forderungsausfälle drohen. Das System der Einlagensicherung ist in der Bundesrepublik stark ausgebaut und unterscheidet sich je nach Art des Kreditinstituts in seiner Ausgestaltung. Eine ausführliche Darstellung des Instruments findet sich bei *Sethe*, in: Assmann/Schütze, Handbuch des Kapitalanlagerechts, § 25 Rn. 29 ff.

25 Überzeugend *Veil,* WM 2009, 1585, 1588 ff.; aus der Rspr. nur LG Chemnitz WM 2009, 1505, 1509. Anders mag das bei einem besonders sicherheitsbewussten (konservativen) Anleger (dazu BGH DB 2009, 2093) oder bei einer Anlageentscheidung in für den Emittenten wirtschaftlich bereits kritischer Zeit zu beurteilen sein.

Schließlich leitet wiederum das LG Hamburg[26] – in Übertragung und Ausdehnung der bekannten Kick-Back-Rechtsprechung des XI. BGH-Zivilsenats[27] – eine Pflichtverletzung daraus ab, dass der Berater es unterließ, über die aus dem Vertrieb der Zertifikate zu erwartende (eigene) Gewinnmarge bzw. Handelsspanne aufzuklären.[28] Selbst wenn man aber diesbezüglich eine entsprechende Garantenpflicht annähme, so schiene doch wenigstens das Bestehen einer durchgängigen Kausalität zwischen den Tatbestandsmerkmalen des Betruges[29] problematisch. Denn dass ein Irrtum über

26 WM 2009, 1282, 1285 f.; WM 2009, 1363, 1365 ff; WM 2009, 1511, 1512 f.; vergleichbare Haltung von *Roth, Koller* und *Sethe* (Nachw. bei *Spindler*, WM 2009, 1821, 1824). Aufklärung über die Gewinnmarge bei Geschäften über einem CMS-Sammler-Swap forderte schon das LG Frankfurt a.M. WM 2008, 1061, 1067 ff. (mittlerweile aufgehoben durch OLG Frankfurt a.M. WM 2009, 1563 ff.).

27 Vgl. zur Pflicht von Banken, etwaige Rückvergütungen (*kick backs*) offen zu legen, um dem Kunden die Beurteilung eventueller Interessenkonflikte zu ermöglichen, grdl. BGHZ 146, 235, 239 = BGH NJW 2001, 962 (damals für einen Fall, bei dem ein Vermögensverwalter „zwischengeschaltet" war, der bei entsprechenden Empfehlungen gegenüber seinen Kunden von der Bank *kick backs* aus Provisionen und Depotgebühren erhielt); erweitert durch BGHZ 170, 226, 234 f. = BGH NJW 2007, 1876 auf Fälle „bankeigener" Anlageberater, wenn die Bank *kick backs* vom Emittenten des empfohlenen Produkts erhält; bestätigt durch BGH NJW 2009, 1416, 1417; NJW 2009, 2298, 2300; WM 2009, 2306, 2307; jüngstens dazu etwa die Beiträge von *Spindler*, WM 2009, 1821 ff., *Zingel/Rieck*, BKR 2009, 353 ff. und – zusammenfassend – *Ellenberger*, in: FS Nobbe, 2009, S. 523 ff. m.w.N.

28 Das LG Hamburg hält es dabei für unschädlich, dass es anders als in den „Kick-Back-Entscheidungen" des BGH nicht um Zuwendungen von Dritten – wie bei der Zahlung verdeckter Innenprovisionen – geht, sondern um Gewinnmargen beim Eigenvertrieb von Finanzprodukten. Denn das Schutzbedürfnis des Kunden sei das gleiche und wirtschaftlich mache es keinen Unterschied, ob die Bank ein Papier schon erworben habe und mit Gewinn weiterveräußere, oder ob dieses erst noch bei einem Dritten zu erwerben sei und dann für die Bank eine Provision fällig werde. Bei gegenteiliger Entscheidung sei eine Umgehung der Grundsätze aus der „Kick-Back"-Rechtsprechung ganz einfach dadurch möglich, dass Provisionen als Margen ausgestaltet würden (WM 2009, 1282, 1286; WM 2009, 1363, 1365 f.; WM 2009, 1511, 1512 f.); zutreffend krit. zu dieser Gleichsetzung *Spindler*, WM 2009, 1821, 1824 ff.: beim Eigengeschäft sei ein Gewinninteresse der Bank wie bei jedem anderen Vertrag selbstverständlich; eine Aufklärungspflicht über eigenes Gewinninteresse verstoße „gegen fundamentale Prinzipien des Vertragsrechts und der Marktwirtschaft" (1828). Diese Rspr. ablehnend auch OLG Frankfurt a.M. WM 2009, 1563; OLG Celle WM 2009, 2171 (dazu zust. EWiR 2009, 763, 764 m.w.N. [M. Wolf]); ebenso LG Chemnitz WM 2009, 1506, 1508. Ausführlich zur Aufklärungspflicht von Banken bezüglich Gewinnmargen *Buck-Heeb,* BKR 2010, 1 ff.

29 Zu diesem Erfordernis *pars pro toto Cramer/Perron*, in: Schönke/Schröder, StGB, § 263 Rn. 5.

das Nichtvorliegen einer (nicht außergewöhnlich hohen) Gewinnmarge[30] ursächlich für die Anlageentscheidung und damit für die Vermögensverfügung war, wird sich – zumindest in einem Strafprozess mit den entsprechenden Beweishürden – kaum nachweisen lassen.[31] An dieser Stelle stünde die Annahme einer Betrugsstrafbarkeit daher auf sehr „wackligen Beinen".[32]

Sollte im Einzelfall dennoch eine täuschungsbedingte Vermögensverfügung festgestellt werden können, lässt sich hinsichtlich des Vermögensschadens jedenfalls Folgendes sagen: Solange ein Markt für den Handel mit entsprechenden Zertifikaten vorhanden war, spricht alles dafür, dass die Wertpapiere zu ihrem Marktpreis verkauft wurden, also zunächst einmal „ihr Geld wert waren".[33] Ein Gefährdungsschaden ist in diesem Fall – bei aller Unschärfe dieser derzeit kontrovers diskutierten Rechtsfigur[34] – jedenfalls für Anfang/Mitte 2008 noch nicht mit dem Hinweis auf den drohenden Totalverlust durch die eben nicht prognostizierbare Lehmann-Insolvenz im September 2008 begründbar. So bleibt nur die (problematische) Möglichkeit, einen Schaden unter Zuhilfenahme des „subjektiven Schadenseinschlags"[35] anzunehmen, wenn das Zertifikat im konkreten Fall für den Anleger aufgrund seines

30 Die tatsächliche Höhe ist in den zivilrechtlichen Verfahren z.T. streitig geblieben; die Angaben variieren zwischen 3,5% und 8%. Freilich besteht nach der „Kick-Back-Rechtsprechung" eine Aufklärungspflicht unabhängig von der Höhe der Rückvergütung, vgl. BGH NJW 2009, 1416, 1417.

31 Zweifel hinsichtlich der Kausalität einer Aufklärung über Gewinnmargen und der sonst eingreifenden Vermutung aufklärungsrichtigen Verhaltens äußert etwa *Spindler,* WM 2009, 1821, 1826 m.w.N.; ebenso – bei nicht außergewöhnlich hohen Vergütungen – LG Chemnitz WM 2009, 1506, 1508; LG Stuttgart WM 2009, 1697, 1699.

32 Erwähnt sei in diesem Kontext, dass eine ausdrückliche Täuschung im Einzelfall aber dann in Betracht kommt, wenn die Gewinnaussichten hinsichtlich der Zertifikate übertrieben dargestellt wurden. So wurde etwa in dem vom LG Frankfurt a.M. entschiedenen Fall (WM 2009, 947) gegenüber dem Anleger geäußert, eine positive Entwicklung sei „nahezu sicher", was angesichts der Volatilität der Aktienmärkte eine kaum haltbare Aussage darstellt.

33 Nach der Rspr. des BGH zum Handel mit Warenterminoptionen (vgl. etwa BGHSt 32, 22, 25; BGH StV 1986, 299, 300; StV 1984, 153 f.) liegt ein Schaden i.d.R. erst vor, wenn der vom Kunden gezahlte Preis denjenigen übersteigt, der sich bei Zugrundelegung der marktüblichen Beschaffungskosten zzgl. der Provision eines seriösen Vermittlers ergäbe, zusf. *Zieschang*, in: Park, Kapitalmarktstrafrecht, Teil 3 Kap. 1 T1 Rn. 63 u. Rn. 173. m.w.N. Dies bedeutet – auf den vorliegenden Kontext übertragen –, dass ein Schaden zu verneinen wäre, solange die Zertifikate zu einem „marktüblichen" Preis verkauft wurden, wovon auszugehen ist; ebenso *Witte/Mehrbrey*, ZIP 2009, 744, 749.

34 Zusammenfassend jüngst *Satzger*, in: Satzger/Schmitt/Widmaier, StGB, § 263 Rn. 175 f. m.w.N.

35 Näher *Fischer*, StGB, § 263 Rn. 156 ff. m.w.N.

Anlageziels oder seiner sonstigen persönlichen Situation unbrauchbar und somit für ihn wirtschaftlich wertlos gewesen ist.[36]

II. Bilanzdelikte

1. Problemauswahl

Jenseits der kernstrafrechtlichen Normen Betrug und Untreue führt die strafrechtliche Aufarbeitung der Finanzkrise weiter in den Bereich der Bilanzdelikte. § 331 Abs. 1 Nr. 1 bzw. Nr. 2 HGB pönalisieren insofern die vorsätzliche „unrichtige Wiedergabe“ bzw. die „Verschleierung“ der Verhältnisse der Gesellschaft, sofern dies in der Eröffnungsbilanz, im Jahresabschluss, im Lagebericht, im Zwischenabschluss oder in entsprechenden Konzernunterlagen geschieht. Führt man sich erneut die von Herrn Kasiske dargestellte Konstellation und auch weitere aus der Tagespresse bekannte Sachverhalte vor Augen, so scheint der Tatbestand der Bilanzfälschung zu deren strafrechtlicher Erfassung wie geschaffen zu sein. Denn wo riskante Geschäfte gezielt außerhalb der Bilanz betrieben wurden, ist der Schritt zum Vorwurf der „unrichtigen“ Bilanzierung schnell erhoben.[37] Tatsächlich ist § 331 HGB aber längst nicht so einfach handhabbar, wie dies seine recht schlichte Tatbestandsformulierung vermuten lässt.

Der Kern des Problems liegt in Folgendem: Wer feststellen will, ob eine Bilanz unrichtig ist, muss zunächst einmal eine Vorstellung davon haben, was erforderlich ist, um eine Bilanz richtig zu erstellen. Dies richtet sich in erster Linie nach dem Bilanzrecht, einer von hoher Komplexität, dynamischen Entwicklungen und zahllosen Wahlrechten bzw. Beurteilungsspielräumen gekennzeichneten Materie, deren Details nicht nur Strafrechtler schnell überfordern. Insofern hat sich längst die Erkenntnis durchgesetzt, dass im Bereich des § 331 HGB eine strafbare „Unrichtigkeit“ nur anzunehmen ist, wenn Bewertungen oder Schlussfolgerungen in einer Bilanz nach einheitlicher Meinung der Fachleute schlechthin unvertretbar bzw. die Verstöße gegen die Bilanzierungspflichten „wesentlich“ sind (Evidenzkriterium).[38]

[36] Im Zivilrecht sieht man den Schaden eines Anlegers bei einer fehlerhaften Beratung bereits im Erwerb einer Anlage, die für den Zweck des Anlegers nicht in vollem Umfang geeignet ist. Darauf, ob der objektive Wert der Anlage der Gegenleistung entspricht, kommt es hier nicht an, vgl. BGH NJW 2005, 1579, 1580 m.w.N.; LG Hamburg WM 2009, 1282, 1287; WM 2009, 1363, 1368.

[37] Zur Annahme einer Strafbarkeit wegen Bilanzfälschung tendiert etwa *Gallandi,* wistra 2009, 41, 44 f. am Beispiel der Deutschen Industriebank AG (IKB).

[38] Statt vieler *Dannecker,* in: GK-HGB, 4. Aufl. 2002, § 331 Rn. 42 f.; *Hoyos/H. P. Huber*, in: Ellrot/Förschle/Hoyos/Winkeljohann (Hrsg.), Beck'scher Bilanzkommentar, 6. Aufl. 2006, § 331 Rn. 11; *Quedenfeld,* in: K. Schmidt (Hrsg.), MünchKomm zum HGB, 2.

In diesem „Minenfeld" muss sich der Strafrechtler – gleich ob Wissenschaftler oder Praktiker – nun bewegen, will er die einschlägigen Sachverhalte unter dem Gesichtspunkt des Bilanzstrafrechts aufarbeiten. Gestatten Sie mir insofern einige zaghafte Gehversuche. Dabei möchte ich mich auf einen zentralen Aspekt beschränken, der als Anknüpfungspunkt einer möglichen „Unrichtigkeit" in Betracht kommt, und zwar auf die Frage, ob die als Muttergesellschaften betroffenen Kreditinstitute verpflichtet waren, die von ihnen – zumeist im Ausland – gegründeten Zweckgesellschaften in ihrem Konzernabschluss zu „konsolidieren", also deren Jahresabschlüsse in einen „Gesamtkonzernabschluss" einzubeziehen. Weitere Gesichtspunkte, etwa die Schwierigkeiten bei der Bilanzierung der von den Mutterunternehmen gegenüber den Zweckgesellschaften erteilten Kredit- bzw. Liquiditätszusagen[39] sowie Probleme bei der bilanziellen Bewertung von CDOs und ähnlichen Papieren[40] – eine im Bilanzrecht bislang wenig geklärte Frage – werden dagegen nicht behandelt, um das kurze Referat nicht unnötig zu überfrachten.[41]

2. „Bilanzunrichtigkeit" durch Nichtkonsolidierung der Zweckgesellschaften?

Die Beurteilung der Pflicht zur Konsolidierung von Zweckgesellschaften ist bereits deshalb schwierig, weil bis zum Inkrafttreten des Bilanzrechtsmodernisierungsgesetzes im Mai 2009[42] eine erhebliche Diskrepanz zwischen den Bilanzierungsvorschriften des HGB und denjenigen der International Financial Reporting Standards (IFRS)[43] bestand. Letztere sind für alle kapitalmarktorientierten Unter-

Aufl. 2008, § 331 Rn. 35 m.w.N. Bestätigt wurde diese restriktive Auslegung durch BVerfG NJW-RR 2006, 1627, 1628.

39 Hierzu das „Positionspapier des IDW zu Bilanzierungs- und Bewertungsfragen im Zusammenhang mit der Subprime-Krise" vom 10.12.2007, abrufbar unter http://www.idw.de/idw/download/Subprime-Positionspapier.pdf?id=424920, S. 9 ff. und S. 15; *Schön/Cortez*, IRZ 2009, 11, 15; *Burkhardt/Weis*, IRZ 2007, 37 ff.; zur Frage einer erforderlichen Eigenkapitalunterlegung der Kreditzusagen vgl. *Forkel,* BKR 2008, 183, 185: wirtschaftlich notwendig; *Schön/Cortez,* IRZ 2009, 11, 15 m. Fn. 47: bei kurzfristigem Charakter der Zusage nach Basel I - Grundsätzen keine Verpflichtung.

40 Näher Positionspapier des IDW (Fn. 39), S. 2 ff. und S. 12 ff.

41 Ausgeklammert bleiben auch mögliche aus § 331 Nr. 1 bzw. Nr. 2 HGB resultierende Strafbarkeitsrisiken durch Nichtaufnahme der Zweckgesellschaften in den gem. § 264 Abs. 1 HGB parallel zum Jahresabschluss anzufertigenden Lagebericht.

42 *Gesetz zur Modernisierung des Bilanzrechts (Bilanzrechtsmodernisierungsgesetz – BilMoG)* v. 25. 03. 2009, BGBl. I, S. 1102 ff. (in Kraft seit dem 29. 03. 2009).

43 Die IFRS haben zwar grundsätzlich nur Empfehlungscharakter für nationale oder internationale Standardsetter, können aber als nationale Gesetze oder als nationale Standards übernommen werden; instruktiv hierzu *Ballwieser*, in: MünchKomm zum HGB, Vorb. zu §§ 238-342e HGB Rn. 21 f. Dies ist durch Erlass entsprechender EU-Verordnungen und Endorsements seitens der EU-Kommission im Wesentlichen geschehen; zu den Ein-

nehmen[44] in Deutschland mittlerweile bei der Erstellung von Konzernabschlüssen zu berücksichtigen.[45] Diese erst durch das BilMoG abgeschwächte „Zweigleisigkeit" der Bilanzierungsstandards hat in unserem Kontext folgende Auswirkungen:

a) Konsolidierungspflicht nach Maßgabe des HGB

Bei nicht kapitalmarktorientierten Unternehmen, also solchen, deren Wertpapiere nicht zum Handel in einem geregelten Markt eines EU-Mitgliedstaates zugelassen sind – darunter fallen vor allem die Landesbanken –, richtet sich der Kreis der im Konzernabschluss zu konsolidierenden Unternehmen ausschließlich nach § 290 HGB. Diese Norm legte in ihrer bis Mai 2009 geltenden Fassung eine formale Betrachtung zugrunde, derzufolge es sich bei einem Unternehmen nur dann um ein zu konsolidierendes Tochterunternehmen handelte, wenn das Mutterunternehmen die einheitliche Leitung ausübte und es an dem unter einheitlicher Leitung stehenden Tochterunternehmen beteiligt war.[46] Vor dem Hintergrund dieser formalen Kriterien wird deutlich, in welcher Lücke die Banken mit ihren Zweckgesellschaften operierten. Denn diese waren regelmäßig weder am Kapital der Zweckgesellschaften beteiligt noch standen diese unter der einheitlichen Leitung der Bank.[47] Damit lagen die Voraussetzungen einer Konsolidierung bei formaler Betrachtung nicht vor. Ihren Einfluss auf die Geschäftstätigkeit sicherten sich die Mutterunternehmen dennoch durch geschickte Vertragsgestaltung – oft unter Einschaltung eines sog. „Autopilot-Mechanismus".[48]

zelheiten des Normsetzungsverfahrens *Bohl*, in: Bohl/Riese/Schlüter (Hrsg.), Beck'sches IFRS-Handbuch, 2. Aufl. 2006, Teil A § 1 Rn. 15 ff. und *Hennrichs*, NZG 2005, 783 ff.

44 Gem. der Verordnung (EG) Nr. 1606/2002 v. 19.7.2002 (ABl. EG Nr. L 243/1 v. 11.9.2002) haben Gesellschaften, die dem Recht eines Mitgliedstaates unterliegen und deren Wertpapiere zum Handel in einem geregelten Markt in einem der Mitgliedstaaten zugelassen sind (kapitalmarktorientierte Unternehmen), ihre konsolidierten Abschlüsse für Geschäftsjahre, die am oder nach dem 1.1.2005 beginnen, nach IFRS aufzustellen. Diese Verpflichtung wurde in Deutschland durch das Bilanzrechtsreformgesetz (BGBl. I 2004, S. 3166) auf Wertpapiere ausgedehnt, die zwar noch nicht gehandelt wurden, die sich aber im Zulassungsprozess befinden.

45 Siehe § 315a Abs. 1, 2 HGB; für nicht kapitalmarktorientierte Unternehmen besteht ein Wahlrecht gem. § 315a Abs. 3 HGB.

46 Vgl. § 290 Abs. 1, 2 HGB a.F. Näher zur Konsolidierung nach dieser Norm *Merkt,* in: Baumbach/Hopt (Hrsg.), Handelsgesetzbuch, 33. Aufl. 2008, § 290 Rn. 5 ff.

47 Vgl. nur *Mujkanovic,* StuB 2008, 136, 140: „Bei der Gestaltung von SPE (= Special Purpose Entities, Verf.) wird regelmäßig darauf geachtet, dass die formalen Kriterien für das Vorliegen von Beherrschung nach § 290 Abs. 2 HGB durch den Initiator nicht erfüllt werden."

48 Unter einem „Autopilot"-Mechanismus ist allgemein eine Konstruktion der Zweckgesellschaft zu verstehen, bei der durch rechtliche Vereinbarungen die Geschäftspolitik, die die laufende Tätigkeit der Gesellschaft festlegt, nicht verändert werden darf, vgl. die Umschreibung in SIC-12.1 und – am Beispiel der Leasing-Zweckgesellschaft – *Hoy-*

Sicher ist in solchen Fällen die Grenze zwischen dem zulässigen Ausnutzen bestehender (Beurteilungs-)Spielräume und der gezielten Missachtung einschlägiger Vorschriften fließend.[49] Alles in allem wird man in Anbetracht der insoweit klaren Regelung in § 290 HGB a.F. regelmäßig aber nicht davon ausgehen können, dass der Konzernabschluss einer nicht kapitalmarktorientierten Bank durch die fehlende Konsolidierung einer Zweckgesellschaft „unrichtig" wurde.[50] Spätestens die strafrechtsspezifische, vorstehend bereits erwähnte Hürde der evidenten Unrichtigkeit dürfte jedenfalls kaum zu überwinden sein. Nicht umsonst sah sich der Gesetzgeber veranlasst, § 290 HGB durch das Bilanzrechtsmodernisierungsgesetz zu reformieren.[51] Hierbei hat er nun auf Regelungen zurückgegriffen, die bereits in den internationalen Rechnungslegungsstandards verankert waren. Diese waren auf kapitalmarktorientierte Kreditinstitute – wie etwa die deutschen Privatbanken – schon im hier relevanten Zeitraum anwendbar, wenn zumindest eine Tochter i.S.v. § 290 HGB beherrscht wurde. Mussten also wenigstens die kapitalmarktorientierten Banken die Zweckgesellschaften in ihren Konzernabschluss aufnehmen?

b) Konsolidierungspflicht nach Maßgabe der IFRS

Die IFRS finden über § 315a HGB – als Folge europarechtlicher Vorgaben[52] – Eingang in das deutsche Recht. Auch insofern bleibt es jedoch bei einer gewissen Zweispurigkeit. Denn das „Einfallstor" des § 315a HGB öffnet sich erst, wenn ein kapitalmarktorientiertes Unternehmen nach § 290 HGB überhaupt zur Aufstellung eines

os/Ritter-Thiele, in: Beck'scher Bilanzkommentar, § 290 Rn. 32. Diese „Autopilot"-Konstruktion wurde nicht nur gewählt, um die Konsolidierungspflicht nach HGB zu umgehen, sondern auch zur Vermeidung der Anwendung der internationalen Rechnungslegungsstandards (insbes. IAS-27) oder gar der wirtschaftlichen Betrachtungsweise gem. SIC-12 (dazu sogleich), vgl. *Schön/Cortez,* IRZ 2009, 11, 14.

49 Gibt es zu Umgehungsgeschäften keine Spezialvorschriften (wie etwa § 42 AO, § 4 SubvG), ist die strafrechtliche Erfassung einschlägigen Verhaltens unter Rückgriff auf eine wirtschaftliche/faktische Betrachtungsweise bei Beachtung der formalen Regeln im Normalfall unmöglich. Als „Lückenbüßer" kommen hier allenfalls sehr weit gefasste Straftatbestände wie insbesondere § 266 StGB in Betracht.

50 Zu möglichen Ausnahmen in Einzelfällen s. *Mujkanovic,* StuB 2008, 136, 139 ff.; *Hoyos/Ritter-Thiele,* in: Beck'scher Bilanzkommentar, § 290 Rn. 31 ff., 37; *Wiedmann,* in: Ebenroth/Boujong/Joost/Strohn (Hrsg.), Handelsgesetzbuch, 2. Aufl. 2008, § 290 Rn. 53 ff.

51 Ziel war es dabei, durch Implementierung einer wirtschaftlichen Betrachtungsweise (in Angleichung an den Regelungsinhalt von IAS 27 und SIC-12) „im weitest möglichen Umfang auch Zweckgesellschaften in den Konsolidierungskreis einzubeziehen", vgl. BT-Drs. 16/12407, S. 89. Näher zu Änderungen durch das BilMoG *Kümpel/Piel,* DStR 2009, 1222, 1226 ff.

52 Hierbei handelt es sich insbesondere um die Verordnung (EG) Nr. 1606/2002 v. 19. 7. 2002 (ABl. EG Nr. L 243/3), vgl. *Busse v.Colbe,* in: MünchKomm zum HGB, § 315a Rn. 1.

Konzernabschlusses verpflichtet ist. Dieser Konzernabschluss hat sich dann nach den internationalen Rechnungslegungsstandards zu richten. Das bedeutet: Über das „Ob" eines Konzernabschlusses" entscheidet § 290 HGB, der unter den genannten formalen Kriterien das Vorliegen zumindest einer Tochtergesellschaft fordert. Ist das der Fall, richtet sich das „Wie" dieses Abschlusses nach den IFRS mit der Folge, dass auch solche Gesellschaften einzubeziehen sind, die nach den erheblich weiter gefassten internationalen Vorschriften zum Konsolidierungskreis gehören.[53]

Die in diesem Kontext maßgeblichen Regelungen finden sich in IAS 27[54] und den dazu vom Standard Interpretations Committee (SIC)[55] erlassenen Auslegungsvorschriften, dort in der Interpretationsregel Nr. 12. Diese Vorschriften durchbrechen das Korsett der noch in § 290 HGB a.F. vorgesehenen formalen Betrachtungsweise. Stattdessen wird die Zuordnung von Zweckgesellschaften und damit die Pflicht zu ihrer Konsolidierung auch von einer wirtschaftlichen Betrachtungsweise abhängig gemacht. Eine danach ausreichende „Beherrschung im materiellen Sinne" (Control-Prinzip) liegt insbesondere dort vor, wo der Initiator – in unserem Fall also das Kreditinstitut – das Recht hat, die Mehrheit des Nutzens aus der Geschäftstätigkeit der Zweckgesellschaft zu ziehen und im Gegenzug damit auch der Mehrheit der Risiken aus dieser Geschäftstätigkeit ausgesetzt ist.[56] Hier befindet man sich nun mitten im Dickicht des Bilanzrechts. Ohne die Details an dieser Stelle näher darstellen zu können, lässt sich jedenfalls sagen, dass die Konsolidierungspflicht für eine Zweckgesellschaft nach dem prinzipienbasierten Ansatz gem. SIC-12 mit erheblichen Ermessensspielräumen verbunden ist.[57] Die bei ihrer Anwendung eröffneten Gestaltungsmöglichkeiten wurden mit Hilfe hochkomplexer Vertragskonstruktionen – deren Einzelheiten bis heute kaum bekannt geworden sind – durch eine Schar von Experten vermutlich voll ausgeschöpft.[58] Natürlich mag es im Einzelfall gelingen, einem zur IFRS-Rechnungslegung verpflichteten Kreditinstitut nachzuweisen, dass eine Zweckgesellschaft pflichtwidrig nicht konsolidiert wurde, weil die Mehrheit der

53 Vgl. *Merkt*, in: Baumbach/Hopt, § 315a Rn. 4 ff.

54 International Accounting Standard Nr. 27, bekannt gemacht durch Änderungsverordnung (EG) Nr. 2238/2004 v. 29. 12. 2004 (ABl. EG Nr. L 394/1, 117); inzwischen wiederum geändert durch VO (EG) Nr. 494/2009 v. 12. 06. 2009 (ABl. EG Nr. L 149/6, 9).

55 Als Standard Interpretations Commitee (SIC) 1997 gegründet, inzwischen in International Financial Reporting Interpretations Committee (IFRIC) umbenannt und vor allem mit der Aufgabe betraut, IAS und IFRS für eine Anwendung zu interpretieren und Hilfe zu Rechnungslegungsfragen zu leisten, vgl. *Merkt*, in: Baumbach/Hopt, Einl. vor § 238 Rn. 107.

56 Siehe SIC-12.10; zum Verhältnis von IAS 27 zu SIC-12 instruktiv *Schön/Cortez*, IRZ 2009, 11, 14 f.; weiterhin *Boulkab/Marxfeld/Wagner,* IRZ 2008, 497, 501 f.

57 Vgl. *Boulkab/Marxfeld/Wagner*, IRZ 2008, 497, 501.

58 *Schön/Cortez,* IRZ 2009, 11, 14, 17: Zumeist wird „eine Konsolidierungspflicht durch den Sponsor (gezielt) umgangen".

Risiken wirtschaftlich betrachtet das Institut traf. Freilich stellt sich die Frage, welcher Staatsanwaltschaft die nötigen Mittel und Ressourcen zur Verfügung stehen, um diese sowohl in tatsächlicher als auch in rechtlicher Hinsicht schwierigen Sachverhalte aufzuarbeiten.

Der Vorwurf einer Strafbarkeit der mit der Bilanzerstellung befassten Abschlussprüfer, wie er verschiedentlich erhoben wird, wird sich bei diesem Befund ebenfalls kaum erhärten lassen. Dass die Abschlussprüferdelikte (§§ 332 HGB, 403 AktG) wegen der vom Gesetz allein geforderten subjektiv richtigen Berichterstattung[59] ohnehin „totes Recht" darstellen, das nicht einmal bei krassem Prüferfehlverhalten (wie etwa im Flowtex-Fall)[60] greift, sei hier nur am Rande erwähnt. Vorbehaltlich genauerer Tatsachenkenntnis spricht demnach einiges dafür, dass jedenfalls in dem soeben behandelten Sachverhaltsausschnitt eine Strafbarkeit gem. § 331 HGB ausscheidet.

III. Unrichtige Darstellung gem. § 400 AktG

Damit ist das Spektrum möglicher strafbarer „Geschäftslagetäuschungen" aber noch nicht ausgeschöpft. Vielmehr ist der subsidiär zu prüfende § 400 Abs. 1 Nr. 1 AktG in den Blick zu nehmen, der – ähnlich wie § 331 Abs. 1 Nr. 1 bzw. Nr. 2 HGB – die „unrichtige Wiedergabe" oder die „Verschleierung" der „Verhältnisse der Gesellschaft" unter Strafe stellt. Diese Vorschrift ist allerdings weiter formuliert als der Bilanzfälschungstatbestand, der nur Fehlinformationen in den im Gesetz ausdrücklich aufgezählten Abschlüssen und Berichten erfasst. Eine „unrichtige Darstellung" i.S.d. Aktienrechts kann daher prinzipiell jede Äußerung des Vorstands gegenüber anderen Organen, sonstigen Dritten oder auch gegenüber der Öffentlichkeit sein.[61] Erforderlich ist lediglich ein Bezug der Äußerung zum „Vermögensstand der Gesellschaft", was bedeutet, dass die Darstellung einen Eindruck von der wirtschaftlichen Gesamtsituation des Unternehmens vermitteln muss.[62] Liegt dieser „Vermögensbezug" vor, so sind nicht nur die in § 90 AktG vorgesehenen Pflichtberichte des Vorstands gegenüber dem Aufsichtsrat oder Äußerungen in der Hauptversammlung,

59 Dazu *Dannecker,* in: GK-HGB, § 332 Rn. 5 f., 37 ff. m.w.N.

60 Dazu nur *Benner,* in: Volk (Hrsg.), Münchener Anwaltshandbuch. Verteidigung in Wirtschafts- und Steuerstrafsachen, 2006, § 22 Rn. 794; *Niewerth*, Die strafrechtliche Verantwortlichkeit des Wirtschaftsprüfers, 2004, S. 2.

61 Hierzu etwa *Hefendehl*, in: Spindler/Stilz (Hrsg.), AktG, Bd. 2, 2007, § 400 Rn. 44; *Otto*, in: GK-AktG, (§§ 399-410), 8. Erg.Lfg. 4. Aufl. 1997, § 400 Rn. 35; *Schaal*, in: Kropff/Semler (Hrsg.), MünchKomm zum AktG, Bd. 9/2, 2. Aufl. 2006, § 400 Rn. 21 ff.; vgl. auch BGH NJW 2005, 445, 447.

62 *Schaal*, in: Erbs/Kohlhaas (Hrsg.), Strafrechtliche Nebengesetze, 170. Erg.Lfg. 2008, § 400 AktG Rn. 17 m.w.N.

sondern auch Aussagen in den Medien und – so zumindest der 1. BGH-Strafsenat[63] – sogar unrichtige Ad-hoc-Mitteilungen in den Tatbestand des § 400 Abs. 1 Nr. 1 AktG einbezogen. Der Sache nach ist damit praktisch jede Erklärung eines Vorstandes strafbar, durch die ein unrichtiger Eindruck von der wirtschaftlichen Gesamtsituation des Unternehmens erweckt wird, wobei auch hier – wie bei der Bilanzfälschung – jedenfalls dann eine evidente Unrichtigkeit zu fordern ist, wenn die Aussage prognostische bzw. wertende Elemente enthält. [64] Hierdurch erweitert sich nun der Spielraum zur strafrechtlichen Aufarbeitung des Gesamtkomplexes „Finanzkrise“ erheblich. Wer erinnert sich nicht an die noch im unmittelbaren Vorfeld des Beinahe-Zusammenbruchs – sei es bei der IKB oder der Hypo Real Estate – nahezu gebetsmühlenartig wiederholten Äußerungen der Top-Manager, man sei von der Krise am US-Hypothekenmarkt nicht bzw. kaum betroffen. Im Falle der IKB musste eine solche Aussage im Juli 2007 innerhalb von 10 Tagen revidiert werden. Im Zusammenhang mit der Krise der HRE wird gegen den ehemaligen Vorstandsvorsitzenden mittlerweile auch wegen eines Verstoßes gegen § 400 Abs. 1 Nr. 1 AktG ermittelt. Bevor dort im Januar 2008 enorme Abschreibungen bekannt gegeben wurden – mit der Folge des höchsten Tagesverlustes aller Zeiten einer im DAX gehandelten Aktie –, erklärte der Manager noch im November 2007 in einem Interview gegenüber dem Handelsblatt, dass das Unternehmen aus der Krise „gestärkt hervorgegangen sei“.[65] Ob solche optimistischen Lagebeurteilungen hinsichtlich der Entwicklungen an den Finanzmärkten seinerzeit noch vertretbar waren – angesichts der zahlreichen Unsicherheiten und Beurteilungsspielräume freilich keine einfach zu beantwortende Frage –, werden ggf. die Gerichte zu entscheiden haben.

§ 400 Abs. 1 Nr. 1 AktG ermöglicht aber – und damit möchte ich meine Bemerkungen zu dieser Norm abschließen – jedenfalls grundsätzlich auch die Bestrafung eines Unterlassens, wodurch der mögliche Anwendungsbereich in unserem Kontext nochmals erweitert wird. Es bedarf also u.U. nicht einmal einer konkret „unrichtigen“ Äußerung, sondern es kann vielmehr – nach allerdings nicht unumstrittener Ansicht[66] – schon ausreichen, dass schlicht und ergreifend dort „nichts“

[63] BGHSt 49, 381, 386 ff. – „*Haffa/EM.TV*“; zuvor waren Ad-hoc-Mitteilungen nach Ansicht der Rspr. und h.L. regelmäßig nicht von § 400 AktG erfasst, da sie typischerweise nur punktuelle Informationen bzgl. der Vermögenssituation enthalten; näher dazu *Hefendehl*, in: Spindler/Stilz, AktG, § 400 Rn. 61 f. m.w.N.

[64] *Geilen*, in: KK-AktG, Bd. 3, 1985, § 400 Rn. 27; *Otto*, in: GK-AktG, § 400 Rn. 14; *Hefendehl*, in: Spindler/Stilz, AktG, § 400 Rn. 22 m.w.N.

[65] Handelsblatt v. 7.11.2007 abrufbar unter: http://www.handelsblatt.com/unternehmen/banken-versicherungen /hypo-real-estate-trotzt-der-krise%3B1348373.

[66] In der jüngeren Kommentarliteratur wird die Anwendbarkeit von § 400 AktG auf das Unterlassen jeglicher Äußerungen trotz entsprechender Berichtspflichten – vor allem im Kontext des § 90 Abs. 1 S. 3 AktG – zunehmend bejaht, vgl. *Hefendehl*, in: Spindler/Stilz, AktG, § 400 Rn.32; *Schaal*, in: MünchKomm zum AktG, § 400 Rn. 38; andere lehnen dies mit der Begründung ab, die bloße *Nichtäußerung* könne niemals eine *unrich-*

gesagt wurde, wo eine Äußerung aktienrechtlich geboten war. Hier möchte ich Ihr Augenmerk kurz auf zwei Vorschriften lenken, die solche Berichtspflichten des Vorstands regeln:

§ 90 Abs. 1 S. 1 Nr. 4 AktG verlangt einen Bericht gegenüber dem Aufsichtsrat vor der Vornahme von „Geschäften, die für die Rentabilität oder Liquidität der Gesellschaft von erheblicher Bedeutung sein können".[67] Sofern man die Einrichtung der Zweckgesellschaften und die entsprechenden Kreditzusagen hierunter subsumiert, wofür mindestens prima facie einiges spricht, wäre zu prüfen, ob die Vorstände vorher dem Aufsichtsrat entsprechend berichtet haben. Andernfalls könnte damit bereits der Tatbestand der §§ 400 Abs. 1 Nr. 1 AktG, 13 StGB erfüllt sein. Einen Schadenseintritt setzt die Vorschrift, die als abstraktes Gefährdungsdelikt konzipiert ist, nicht voraus. Einschlägig könnte auch § 90 Abs. 1 S. 3 AktG sein. Danach muss der Vorstand den Aufsichtsratsvorsitzenden unverzüglich informieren, sofern aufgrund besonderer Umstände eine Gefahr für die Vermögenssituation der AG entsteht.[68] Im Klartext: Sobald absehbar war, dass das aus CDOs, ABS und CDS errichtete „Kartenhaus" zusammenbrechen würde und damit die Inanspruchnahme aus den außerbilanziellen Liquiditätszusagen drohte, hätte der Vorstand den Aufsichtsratsvorsitzenden umgehend informieren müssen. Ob das – etwa im Fall Hypo Real Estate – geschehen ist, ist Tatfrage.

IV. Anzeigepflichtverletzung gem. § 55 KWG

Wirft man zuletzt noch einen Blick auf die Strafvorschriften des Kreditwesengesetzes, sticht die Pflicht der Geschäftsleiter zur Anzeige der Insolvenzreife ihrer Institute gegenüber der BaFin gem. § 55 i.V.m. § 46b KWG ins Auge. Dagegen scheiden Bankrottdelikte gem. den §§ 283 ff. StGB nach den staatlichen Stützungsmaßnahmen mangels Vorliegen der objektiven Strafbarkeitsbedingung gem. § 283 Abs. 6 StGB aus.

tige Äußerung i.S.d. § 400 AktG sein, so etwa *Geilen*, in: KK-AktG, § 400 Rn. 33; *Ransiek*, in: Achenbach/Ransiek, Handbuch Wirtschaftsstrafrecht, VIII 1 Rn. 70, *Arnhold*, Auslegungshilfen zur Bestimmung einer Geschäftslagetäuschung, 1993, S. 49; offengelassen bei *Oetker*, in: K. Schmidt/Lutter (Hrsg.), AktG, Bd. II, 2008, § 400 Rn. 5.

67 Bei der diesbezüglichen Beurteilung sind einerseits Gegenstand, Größe und wirtschaftliche Lage des Unternehmens sowie andererseits Art und Umfang des Geschäftes zu berücksichtigen, statt vieler *Kort*, in: GK-AktG, Bd. 3 (§§ 76-94), 4. Aufl. 2006, § 90 Rn. 60 f.

68 Die Vorschrift regelt eine Berichtspflicht des Vorstandes vor allem bei Ereignissen, die *von außen* auf die AG einwirken; zu den Voraussetzungen näher *Fleischer*, in: Spindler/Stilz (Hrsg.), AktG, Bd. 1, 2007, § 90 Rn. 31; *Hüffer*, AktG, 8. Aufl. 2008, § 90 Rn. 8.

Die Strafbarkeit der Geschäftsleiter von Kreditinstituten wegen Anzeigeunterlassens setzt nun nach KWG voraus, dass das Institut zahlungsunfähig oder überschuldet ist. Anders als bei der Insolvenzverschleppung ist im Falle der Insolvenzreife jedoch kein Antrag beim Insolvenzgericht zu stellen, sondern die Krise unverzüglich der BaFin anzuzeigen; allein diese kann den Antrag auf Eröffnung des Insolvenzverfahrens stellen.[69]

Weil die BaFin die Liquidität der Banken im Krisenzeitraum, also jedenfalls ab Herbst 2007, nach Aussagen von Beobachtern streng kontrolliert hat, für eine Zahlungsunfähigkeit also keine Anhaltspunkte bestanden haben, soll nachfolgend allein eine mögliche Überschuldung als Auslöser der Anzeigepflicht untersucht werden. Diese kann in unserem Kontext vor allem dadurch eingetreten sein, dass die gegenüber den Zweckgesellschaften erteilten Liquiditätszusagen ab einem bestimmten Risiko der Inanspruchnahme im Überschuldungsstatus zu passivieren waren. Inwieweit dadurch tatsächlich eine Überschuldung ausgelöst wird, hängt dann nicht zuletzt vom zugrunde zu legenden Überschuldungsbegriff ab.

Der strafrechtliche Überschuldungsbegriff – auch der des KWG – orientiert sich in der Definition an § 19 InsO.[70] Er hat im letzten Jahrzehnt eine wechselvolle Geschichte erlebt. Herrschte zunächst der klassische zweistufige Überschuldungsbegriff vor, schwenkte der II. BGH-Zivilsenat in der berühmten „Dornier"-Entscheidung im Jahre 1992 um.[71] Die Aktiva waren nun nicht mehr – je nach Ergebnis der Fortführungsprognose – zu Liquidations- oder Fortführungswerten anzusetzen. Maßgeblich für die Insolvenzantragsstellung war vielmehr allein eine Fortführungsprognose, also die Einschätzung, ob das Unternehmen in den nächsten max. zwei Jahren am Markt bestehen würde.[72] Fiel sie positiv aus, lag keine Überschuldung vor. Eine Abkehr von dieser den Unternehmensbestandsschutz betonenden Rechtsprechung vollzog dann der InsO-Reformgesetzgeber, indem er mit Inkrafttreten der InsO[73] zum 1.1.1999 in § 19 Abs.2 InsO wieder der klassischen Bewertungsmethode zum Sieg verhalf.[74] In Reaktion auf die jüngste Finanzkrise wussten sich

69 Siehe nur *Häberle*, in: Erbs/Kohlhaas (Hrsg.), Strafrechtliche Nebengesetze, 174. Erg.Lfg. 2009, § 55 KWG Rn. 2 und *Bittmann*, wistra 2009, 138, 139 m.w.N.

70 *Janssen*, in: Park, Kapitalmarktstrafrecht, Teil 3 Kap. 10 T2 Rn. 12. Näher zur Frage der Abhängigkeit des strafrechtlichen vom insolvenzrechtlichen Überschuldungsbegriff *Grube/Röhm*, wistra 2009, 81 ff. Herrschend ist eine insolvenzrechtsakzessorische Auslegung des Begriffs.

71 BGHZ 119, 201 = NJW 1992, 2891.

72 BGHZ 119, 201, 213 f.; aus jüngerer Zeit dazu etwa *Grube/Röhm*, wistra 2009, 81, 83; *Schmitz*, wistra 2009, 369, 370; *Hirte/Knof/Mock*, ZInsO 2008, 1218, 1223 – die Details sind freilich umstritten.

73 *Insolvenzordnung (InsO)* v. 5. 10. 1994, BGBl. I, S. 2866.

74 In der Rechtsprechung nachvollzogen durch BGH DStR 2006, 2186; deutliche Aufgabe des modifizierten zweistufigen Überschuldungsbegriffs in BGHZ 171, 46.

die Parlamentarier aber nicht anders zu helfen, als mit dem am 18.10.2008 in Kraft getretenen Finanzmarktstabilisierungsgesetz (FMStG) zur Vermeidung unnötiger Insolvenzen wiederum den modifizierten zweistufigen Überschuldungsbegriff vorzugeben[75] – allerdings nur bis zum 1.1.2014,[76] da dann die Krise überwunden sein soll.[77]

Betrachtet man nun vor diesem Hintergrund die Situation der in das Kreditersatzgeschäft eingebundenen Bankinstitute, muss festgestellt werden, dass spätestens mit Geltung des Finanzmarktstabilisierungsgesetzes und den dadurch in Aussicht gestellten Rettungsmaßnahmen die Fortführungsprognose für die betroffenen Bankinstitute positiv wurde, die Annahme einer Überschuldung also ausscheidet. Ob der modifizierte zweistufige Überschuldungsbegriff auch rückwirkend für bereits vor dem 18.10.2008 begangene, aber erst jetzt zur Aburteilung anstehenden „Altfälle" unterlassener Anzeigen heranzuziehen ist, wird unterschiedlich beurteilt.[78] Dafür spricht das Meistbegünstigungsprinzip gem. § 2 Abs. 3 StGB, wonach bei einer Gesetzesänderung im Zeitraum zwischen der Beendigung der Tat und Aburteilung das mildeste Gesetz anzuwenden ist. Interpretiert man – bei insolvenzrechtsakzessorischer Behandlung des Überschuldungsbegriffs in § 55 KWG (i.V.m. § 46b KWG) – die Neuregelung als Änderung i.S.d. § 2 Abs. 3 StGB, handelt es sich bei der Legaldefinition des Überschuldungsbegriffs in § 19 InsO n.F. auch um ein „milderes Gesetz", da durch das Herausstellen der Fortführungsprognose zum entscheidenden Kriterium einer Überschuldung die Insolvenzreife des Unternehmens seltener vorliegt.[79] Die Tatsache, dass § 19 Abs. 2 InsO wegen seiner Befristung als „Zeitgesetz" (im engeren Sinne) i.S.v. § 2 Abs. 4 StGB einzustufen ist, ändert daran nichts. Denn diese Regelung erfasst nur Straftaten, die während der Geltungsdauer

75 Dies geschah durch Art. 5 des *Gesetzes zur Umsetzung eines Maßnahmenpaketes zur Stabilisierung des Finanzmarktes (Finanzmarktstabilisierungsgesetz)* v. 17. 10. 2008, BGBl. I, S. 1982, 1988.

76 Änderung durch das *Gesetz zur Erleichterung der Sanierung von Unternehmen* v. 24. 9. 2009, BGBl. I, S. 3151.

77 Instruktiv zu den Änderungen des Überschuldungsbegriffes durch das Finanzmarktstabilisierungsgesetz *Otto*, MDR 2008, 1369 ff.; kritisch zur Neufassung aber *Thonfeld*, NZI 2009, 15 ff. und *Körnert/Wagner*, ZInsO 2009, 2131 ff. (auch zur Verlängerung der Befristung).

78 Näher zum Streit *Schmitz*, wistra 2009, 369, 371 ff.

79 So *Schmitz*, wistra 2009, 369, 371. Ohne Rückgriff auf § 2 Abs. 3 StGB mit anderer Begründung für eine Anwendung des modifizierten zweistufigen Überschuldungsbegriffs auf Altfälle im Strafrecht *Bittmann*, wistra 2009, 138, 140; im Ergebnis auch *Adick*, HRRS 2009, 155 ff.; *Wegner*, HRRS 2009, 32, 34. Nur wenn die Neuregelung auch auf nach altem § 19 Abs. 2 InsO überschuldete Unternehmen anzuwenden ist, lässt sich der mit dem FMStG verfolgte Zweck zur Unternehmensrettung erreichen, richtig *Otto*, MDR 2009, 1369, 1370; auch *Schwedhelm/Olbing/Binnewies*, GmbHR 2008, 1233, 1240.

des Finanzmarktstabilisierungsgesetzes, d.h. zwischen dem 18.10.2008 und dem 1.1.2014 begangen werden und gilt auch für sog. Zwischengesetze (also Gesetze, die nur kurze Zeit an die Stelle der verletzten Strafnorm treten).[80] Sollte im Einzelfall dennoch eine Überschuldung anzunehmen sein, würde es zur Vermeidung einer Strafbarkeit nach dem KWG reichen, wenn der BaFin die Insolvenzreife des Instituts rechtzeitig angezeigt wird. Von deren fristgemäßer Inkenntnissetzung wird wohl in Anbetracht der krisenbedingten engen Abstimmung zwischen Bank und Bundesanstalt auszugehen sein.

V. Schluss

In Ergänzung zum Untreuehauptreferat gestatten Sie mir am Schluss noch zwei kurze Bemerkungen:

Wenn Herr *Kasiske* die Pflichtwidrigkeit des Verhaltens darauf stützt, dass der als Risikogeschäft eingestufte Erwerb der strukturierten Wertpapiere nicht angemessen mit Eigenkapital unterlegt wurde, ist dabei Folgendes zu beachten: Für die Bankinstitute, über deren Managerhaftung wir hier reden, galten bis 2007 die sog. Basel I-Grundsätze über die Eigenmittelausstattung.[81] Nach deren § 8 waren Kreditzusagen mit einer Laufzeit von weniger als einem Jahr nicht auf das Eigenkapital anzurechnen. In der Praxis war es nun üblich, dass die Muttergesellschaft die gegenüber ihren Zweckgesellschaften gegebenen Liquiditätszusagen auf ein Jahr beschränkten und in der Folgezeit jeweils für ein weiteres Jahr verlängerten.[82] Damit hatte man formal die Voraussetzungen des § 8 erfüllt, in der Sache aber natürlich die Anforderungen an das Eigenkapital unterlaufen. Hier stößt das Wirtschaftsstrafrecht auf das altbekannte Problem des Umgehungsgeschäfts.[83] Dieses ist straflos, wenn es sich nicht unter den Wortlaut des Straftatbestandes (ggf. i.V.m. der Ausfüllungsnorm) subsu-

80 Überzeugend *Schmitz,* wistra 2009, 369, 372 f. Gegen eine Einstufung von Zeitgesetzen als „mildere“ Gesetze aber *Dannecker/Hagemeier,* in: Dannecker/Knierim/Hagemeier (Hrsg.), Insolvenzstrafrecht, 2009, Rn. 55 (a.A. noch *Dannecker,* in: LK-StGB, Bd. 1 [§§ 1-31], 12. Aufl. 2007, § 2 Rn. 130 m.w.N.); *Tiedemann,* in: Scholz (Hrsg.), GmbHG, 10. Aufl. 2010, Vor §§ 82 ff. Rn. 43: Rückwirkung des FMStG ausgeschlossen, da dieses erkennbar nur der Bewältigung einer vorübergehenden tatsächlichen Krise dient („und nicht auf einer „Änderung der Rechtsanschauung“ beruht); *Fromm/Gierthmühlen,* NZI 2009, 665, 668.

81 Grundsatz I der Bundesbank über die Eigenmittel der Institute (Stand 2001, abrufbar unter: http://www.bundesbank.de/download/bankenaufsicht/pdf/grundsatzi.pdf); ersetzt durch Solvabilitätsverordnung (1.1.2007).

82 Dazu Positionspapier IDW (Fn. 39), S. 11; *Hartmann/Wendels,* FLF 2008, 252, 256; *Schön/Cortez,* IRZ 2009, 11, 15; auch *Horn,* BKR 2008, 452, 457 m. Fn. 23.

83 *Pars pro toto Tiedemann*, Wirtschaftsstrafrecht. Einführung und Allgemeiner Teil, 2. Aufl. 2007, Rn. 137 ff. m.w.N.

mieren lässt oder – wie im Steuer- oder Subventionsrecht – nicht spezielle Umgehungsklauseln existieren. Hier liegt bei der strafrechtlichen Erfassung der Praxis der Kreditzusagen ersichtlich ein Problem.

Schließlich muss vor dem Hintergrund des Untreuetatbestandes – um nur noch einen weiteren Punkt herauszugreifen – eine Frage dringend diskutiert werden: Wie steht es mit der Einwilligung, die – wenn sie wirksam ist – bei disponiblen Rechtsgütern wie dem Vermögen zum Wegfall des Unrechts führt? Bei Aktiengesellschaften ist das zentrale Meinungsbildungsorgan der Vorstand, der in eigener Verantwortung die Gesellschaft leitet. Ihm ist gerade unter Beachtung der Business Judgement Rule ein breites Ermessen eingeräumt; zu dessen Ausübung wird – je nach Regelungsrahmen – auch der Abschluss von Risikogeschäften wie das Kreditersatzgeschäft gehören. Überschreitet der Vorstand nun seine Grenzen, ist jedenfalls nach bisherigen Äußerungen in der Rechtsprechung (etwa im Fall „Mannesmann" oder „Siemens") an eine Einwilligung durch den „wirtschaftlichen Eigentümer" der Gesellschaft, also durch ihre Anteilseigner, zu denken.[84] Gerade bei Nicht-Publikumsgesellschaften mit überschaubarem Anteilseignerkreis wie etwa bei der HSH-Nordbank AG oder der WestLB liegt es nicht fern anzunehmen, dass die Aktionäre – bei Landesbanken häufig vertreten durch hochrangige Politiker – angesichts der lockenden hohen Profite der riskanten Geschäftsstrategie zugestimmt, diese jedenfalls geduldet haben. Übrigens ist auch die BaFin nicht eingeschritten; noch 2006 hat zudem der Finanzstaatssekretär Assmussen für den Wirtschaftsstandort Deutschland ein verstärktes Engagement im Bereich der Asset Backed Securities eingefordert.[85] Lässt sich nun die Einwilligung nicht wegen Verstoßes gegen anerkannte Einwilligungsschranken als unwirksam einstufen,[86] wird man auch wegen Untreue nicht bestrafen können.

Die kurze tour d'horizon hat ergeben, dass der rechtlichen Aufarbeitung der Finanzkrise mit dem hölzernen Handschuh des Strafrechts in vielen Bereichen große Hindernisse entgegenstehen. Wirtschaftsstrafrecht kommt bei einem Phänomen, das man im Kern als „Systemversagen" einstufen muss, ersichtlich an seine Grenzen. Wie wir Strafrechtler darauf zu reagieren haben, wird zu diskutieren sein.

84 Vgl. BGHSt 50, 331, 342 f. – „Mannesmann"; 52, 323, 335 f. – „Siemens".

85 *Assmussen,* Zeitschrift für Kreditwirtschaft 2006, 1016 ff.

86 Ausführlich zur Untreue zu Lasten juristischer Personen und der Einwilligungskompetenz der Gesellschafter *Rönnau,* in: FS Amelung, 2009, S. 247 ff.

Diskussion zum Thema: Bewältigung der globalen Finanzkrise durch das Strafrecht?

Moderation und Kurzresümee: *Prof. Dr. Cornelius Prittwitz, Frankfurt/M.*
Berichterstatter: *Benjamin Roger* und *Anna Richter, München*

Schünemann erblickte in dem Zusammenspiel der drei Referate einen Beweis für die Produktivität der weltweit einmaligen Zusammenarbeit zwischen der deutschen und der spanischen Strafrechtswissenschaft. Es werde auch nicht etwa nur die Theorie des Strafrechtssystems sozusagen in ihrem Elfenbeinturm bis zur Perfektion betrieben. Vielmehr sei es für die Strafrechtswissenschaft auf der ganzen Welt eine Art historischer Glücksfall gewesen, dass in Deutschland nach 1945 bzw. in Spanien nach *Francos* Tod im Jahre 1975 die Erfahrungen mit dem Missbrauch des Strafrechts durch eine (in Deutschland sogar massen-)mörderische Diktatur eine gerade in rechtsstaatlicher Hinsicht extrem sensible Dogmatik des Straf- und Strafprozessrechts erzeugt hätten. Leider habe sie ausgerechnet in der Rechtspolitik der EU so gut wie keine Resonanz gefunden, wofür u. a. das ebenso ausgeprägte wie kurzsichtige Desinteresse der deutschen Bundesregierung an europäischer Rechtspolitik verantwortlich sei. Freilich bleibe auch die dem Freiburger Max-Planck-Institut wegen seiner enormen Ressourcen noch am ehesten mögliche europaweite Repräsentanz einer BRD-spezifischen rechtsstaatlichen Strafrechtsdogmatik hinter dessen eher komparatistischen Arbeit allzu sehr zurück.

Zu *Mir Puigs* Referat bemerkte *Schünemann*, dass die Finanzkrise bei zynischer Betrachtung gar kein Systemversagen des Neoliberalismus darstelle, vielmehr habe sie dessen politischen Haupteffekt, die in der sozialen Marktwirtschaft dominierende Mittelschichtperspektive „nach oben" zu verlagern, durch den Einsatz riesiger staatlicher Mittel zur Rettung der Hochfinanz doch eigentlich ganz gut erreicht. Merkwürdigerweise sei bisher die Finanzkrise in der öffentlichen Wahrnehmung überwiegend als quasi naturwüchsiges Phänomen dargestellt worden, während die Idee, dass sie auf ein gleichgerichtetes kriminelles Verhalten einer bestimmten beruflichen Kaste zurückzuführen sei, wenig Resonanz gefunden und deshalb so gut wie keine ernsthaften Untersuchungen des individuellen Verhaltens der Akteure ausgelöst habe. Das stehe wiederum in auffälliger Diskrepanz zur akribischen Strafverfolgung bei bekannt gewordenen Geschäftspraktiken der Einrichtung und Verwendung schwarzer Kassen.

Inhaltlich war in den Augen *Schünemanns* bei den Versuchen der letzten zwei Jahre zu einer Erklärung der Finanzkrise das Stichwort „Boni" zu kurz gekommen. Die in der Presse berichtete Höhe der Boni würfen in Verbindung mit den gigantischen Investitionen in ex ante erkennbar dubiose Wertpapiere unweigerlich die Frage auf, inwieweit eine kleptokratische Mentalität im Bankenbereich in Verbindung mit unermesslicher Oberflächlichkeit zur jetzigen Finanzkrise geführt hätten. Bei der IKB und den Landesbanken sah *Schünemann* bereits in dem „Wildern in fremdem

Revier“, nämlich in ihrem Handeln ultra vires (d. h. außerhalb ihres öffentlichen Zwecks) eine Pflichtwidrigkeit, wie sie von der mittlerweile wohl herrschenden Meinung als außerstrafrechtliche verlangt werde; seiner Meinung könne diese freilich auch schon aus dem Schaden rückgeschlossen werden. Auch habe hier keine wirksame Einwilligung der in den Verwaltungsräten agierenden Vertreter der Bundesländer und Sparkassenverbände in die desaströsen Geschäftspraktiken vorgelegen. Denn nicht die Kontrollorgane seien die verfügungsbefugten Inhaber der Staatsbanken, sondern das Volk, daher könnten dessen Vertreter nicht wie Privatleute nach Willkür entscheiden, vielmehr würden ihre etwaigen Einwilligungserklärungen selbst unter dem Vorbehalt des § 266 StGB stehen.

In inhaltlicher Hinsicht sah *Schünemann* Hinweise dafür, dass es sich bei den Geschäften um eine Art von Schneeballsystem gehandelt habe: Es seien Kredite an eigentlich nicht kreditwürdige Personen vergeben worden, und diese seien zudem relativ hoch verzinst gewesen. Hierbei sei zwangsläufig auf steigende Grundstückspreise gesetzt worden, wodurch sich eine „Spekulationsblase“ gebildet habe und also auch der Typus des Spekulationsgeschäfts in Betracht komme. Denn weil als alleinige reale Basis aller Geschäfte die Grundstücke einkommensschwacher oder gar -loser Schichten existiert hätten, vermutete *Schünemann* dahinter die letztlich alchemistische Idee, „aus Schlamm Gold zu machen“. Gesamtwirtschaftlich sei dadurch der Konsum von US-Bürgern von den Käufern dieser Papiere und schließlich vom deutschen Steuerzahler finanziert worden. Falls sich diese Sicht bei genauer Untersuchung bewahrheiten sollte, so seien die einschlägigen Investitionsentscheidungen laut *Schünemann* problemlos unter § 266 StGB oder § 283 StGB zu fassen. Auch wenn entsprechend *Rönnaus* Analysen ein Geschäftsmodell kreiert worden sei, das mit einer gewissen destruktiven Genialität an den existierenden formalen Regulierungen des Finanzmarkts vorbei gelenkt worden wäre, könnte dieses Modell den Untreuetatbestand nur aushebeln, wenn es sich dabei um einen Blanketttatbestand handele, der durch außerstrafrechtliche Normen ausgefüllt würde. Jedoch könne und müsse § 266 StGB selbständig nach vernünftiger wirtschaftlicher Betrachtungsweise ausgelegt werden. Selbst wenn eine Anzahl von formellen Regeln gezielt ausgehebelt werden könnte, sah *Schünemann* keine Bedenken gegen eine Anwendung des § 266 StGB im Hinblick auf den materiellen Schutzzweck der ausgehebelten Normen.

Allerdings müsse, wie die Referenten mit Recht ausgeführt hätten, der subjektive Tatbestand natürlich sorgfältig geprüft werden, wobei man wohl auf zwei Gruppen fraglicher Täter treffen werde, die skrupellosen und die ahnungslosen. Besonders dubios seien die Vorgänge bei der halbstaatlichen IKB, deren endgültiger Absturz eingetreten sei, nachdem sie noch im Frühjahr 2007 kontaminierte Papiere von der Deutschen Bank kaufte, obwohl zu diesem Zeitpunkt die Zweifelhaftigkeit dieser Papiere bereits allgemein bekannt war. Nach ihrer ca. 10 Milliarden Euro teuren Sanierung wurde sie an den Investor Lone Star verkauft, wobei auch auf Nachfrage keine Auskunft über die näheren Umstände gegeben worden sei. Hier sei laut *Schünemann* unbedingt zu eruieren, was genau passiert ist.

Eine echte Strafbarkeitslücke sah *Schünemann* de lege lata bei den objektiven Strafbarkeitsbedingungen des § 283 StGB. Er hielt den Vorschlag von *Kasiske* de lege ferenda für interessant und regte außerdem eine Ergänzung des § 283 StGB für diejenigen Fälle an, in denen die Insolvenz nur durch staatliche Intervention abgewendet wurde. Es sei schlechthin unbegreiflich, warum Personen trotz der von ihnen begangenen Bankrotthandlungen straflos bleiben sollten, wenn die Insolvenz allein durch eine staatliche Intervention verhindert werden konnte.

Ipsen vertiefte das von *Schünemann* zu den Landesbanken Gesagte und erklärte, diese seien Anstalten des öffentlichen Rechts und damit Träger öffentlicher Gewalt. Auch die Sparkassen seien solche Anstalten des öffentlichen Rechts, die als mittelbare Kommunalverwaltung bestimmte öffentliche Aufgaben erfüllen. So würden sie allgemein Sparförderung und die Kreditversorgung des Mittelstandes betreiben. Darüber hinaus sei auch die Kreditversorgung der Gebietskörperschaften bei ihren Investitionen eine Aufgabe der Sparkassen, da die Gemeinden nicht von Geschäftsbanken abhängig sein wollten. Ursprünglich gab es auch eine Gewährträgerhaftung und Anstaltslast der Gemeinden und Kreise, weswegen die Sparkassen ein „AAA“-Rating erhielten. Aufgrund eines Verfahrens in Brüssel, welches sich gegen die Landesbanken richtete, wurde dies aber geändert. Für die Sparkassen wurde der „Brüsseler Sparkassenkompromiss“ eingegangen, wonach zwar keine formelle Gewährträgerhaftung und Anstaltslast mehr besteht, die Gebietskörperschaften die Sparkassen aber notfalls stützen können. *Ipsen* führte weiter aus, dass die Landesbanken von den Sparkassenverbänden und Ländern getragen würden, deren öffentliche Aufgabe ebenfalls die Kreditversorgung des Staates sei, woraus sich auch die Besonderheit der Kreditanstalt für Wiederaufbau erkläre. Zu *Schünemanns* Aussage, die Banken könnten nicht nach Willkür handeln, bemerkte *Ipsen*, dass diese nicht grundrechtsberechtigt, sondern grundrechtsverpflichtet seien und daher gemäß dem ultra-vires-Aspekt nur in Ausübung von auf das Staatsgebiet begrenzten Kompetenzen handeln könnten. Daher sei eine Divergenz zwischen den Interessen des Geschäftsherrn und der Allgemeinheit nicht möglich, vielmehr seien diese identisch. Bezüglich des Systemversagens meinte *Ipsen*, dass man bei aller dogmatischen Ziselierung „Notbremsen“ finde, um schließlich doch das gewünschte Ergebnis zu erreichen, dieser Sachverhalt stelle uns aber vor eine Herausforderung. Er sah in den Bankiers die Feldherren unserer Zeit, die nunmehr nicht mehr fremde Armeen, sondern vielfach Geld und Arbeitsplätze vernichten würden. Seiner Meinung nach sei das Strafrecht das einzige Mittel, um ihnen beizukommen. Sonst hätten sie nichts zu befürchten, da die Aufsichtsräte keinen Einfluss auf sie hätten.

Nestler sah eine doppelte Schwierigkeit: Zum einen seien uns die Sachverhalte nicht so bekannt und zum anderen könnten wir sie nur aus der ex-post-Perspektive betrachten und daher auch nur eine nachträgliche Wertung vornehmen. Auch bezweifelte er, dass die von *Kasiske* behandelte Erkennbarkeit des Risikos 2007 schon von den Handelnden gesehen wurde. Wenn der gesamte Markt mit solchen Produkten handelt, so fragte *Nestler*, ob man wirklich davon ausgehen könne, dass alle Beteiligten die Unvertretbarkeit der Risiken erkannten. Des Weiteren stimme das

Schneeballsystem an einem Punkt nicht, denn normalerweise gingen solche Akteure davon aus, dass sie ihr Geld vor dem Zusammenbruch entnehmen könnten. Dies sei aber bei den Institutionen nicht plausibel, sondern kontraintuitiv. Lehman sei daran zugrunde gegangen, dass seine Käufer nicht zurückzahlen konnten. Also fragte *Nestler*, warum dann diese Risiken eingegangen wurden und gab selbst die Antwort, dass die Banken wohl in dem Glauben waren, sie könnten aussteigen, wenn das Risiko zu groß würde. Zur Deutschen Bank bemerkt er, dass es auf den Märkten usus sei, dass die Schlaueren noch an die Dümmeren verkauften. Ob hierin ein Betrug zu sehen sei, sei noch zu klären. Außerdem habe die Deutsche Bank mit anderen Finanzprodukten auf den Abfall der ersteren Produkte gewettet. Dies hätte sie wohl nicht getan, wenn sie gedacht hätte, sich dem Systemzusammenbruch nicht entziehen zu können. Aus der heutigen ex-post-Sicht sei die Unvertretbarkeit der Risiken klar, für die Vergangenheit sah *Nestler* aber nur in seltenen Ausnahmefällen eine offensichtliche Unvertretbarkeit der Risiken. Auch eine Untreue sah er nicht als gegeben an, da es langfristig nur auf Verstöße gegen klare formelle Regelungen ankommen könne. § 266 StGB könne daher immer nur extreme Ausreißer erfassen, nicht aber das ruinöse Verhalten der „Boni-Bankiers“.

Rönnau erklärte, dass die asset-backed securities (ABS) Anfang der 70er Jahre in den USA entwickelt wurden. Vorher sei das Kreditgeschäft ein langsames Geschäft gewesen, das durch die Verbriefung stark beschleunigt wurde. Dieses System funktionierte jahrzehntelang gut, auch in Europa sei es in den 90er Jahren eingeführt worden. So sei also vor der Finanzkrise zunächst mit dieser Art von Finanzierung viel Geld verdient und damit auch Arbeitsplätze geschaffen worden. Irgendwann überdrehte das System, so dass sich nun das Strafrecht mit ihm befassen müsse. Anders als *Schünemann* sah *Rönnau* auch bei den Landesbanken grundsätzlich die Möglichkeit der Einwilligung durch die zuständigen Organe. Die Bewertung von Interessen als Interessen der Allgemeinheit schließe es prinzipiell nicht aus, dass rechtmäßig Eingriffe stattfinden könnten, man denke nur an legalisierende behördliche Genehmigungen. Auch könne § 266 StGB bei der Einwilligung keine Schranke darstellen, denn es gehe ja gerade um den Unrechtsausschluss bei § 266 StGB. Des Weiteren waren die Risiken, die aufgebaut wurden, durch Versicherungen u.ä. abgesichert, auch wenn diese Absicherung wegen der Dominoeffekte später zusammengestürzt ist. Schließlich seien die Satzungen der Landesbanken recht unterschiedlich ausgestaltet; nicht selten erfasse der Satzungszweck auch ein Handeln als Geschäftsbank. *Lutters* recht kritischer Aufsatz zu diesem Thema sei nur eine erste, noch vertiefungsbedürftige Annäherung an das Thema. Da vor der Finanzkrise viele sog. Finanzmarktexperten die Chancen des Geschäftsmodells überaus positiv bewerteten, war es für *Rönnau* zweifelhaft, ob die Grenze der Unvertretbarkeit bei Eingehung dieser Geschäfte wirklich überschritten wurde – nur dann handelt es sich aber um ein pflichtwidriges Handeln i.S.d. § 266 StGB!

Kasiske erwiderte auf *Nestlers* Ansichten zur Unvertretbarkeit, dass *Nestler* offen lasse, ob das Risiko bei seiner Eingehung vor Ausbruch der Krise objektiv noch vertretbar war oder ob die Unvertretbarkeit damals lediglich von den Handelnden subjektiv nicht zu erkennen war. Wegen § 11 KWG habe damals schon festgestanden, dass jederzeit die ausreichende Liquidität gesichert sein müsse, dies war angesichts der hohen Garantien an die Zweckgesellschaften aber nicht für jeden Krisenfall gewährleistet. *Kasiske* fragte daher, wie hoch das Risiko einer Liquiditätskrise aus Sicht der Bankiers damals gewesen sei und kam zu der Antwort, es sei minimal gewesen. Seine zweite Frage, ob sie ihr Handeln nach diesem minimalen Risiko ausrichten durften, beantwortete er negativ, da auch damals schon etwa durch die Richtlinien des Basler Ausschusses eine Ausrichtung an den worst-case-Szenarien vorgeschrieben gewesen sei. Damit sei das, was heute objektiv unvertretbar sei, es damals auch schon gewesen.

Nestler stimmte *Kasiske* zu, wenn man, wie *Schünemann*, Schaden, Pflichtwidrigkeit und Vorsatz zusammennehme.

Zu *Nestlers* Ansicht, dass hier keine Untreue vorliege, sowie zu *Kasiskes* Vorschlägen de lege ferenda, dass § 283 StGB und die Vorschriften des KWG ein neuer Ansatz sein könnten, sowie zu *Schünemanns* Auffassungen äußerte sich *Hefendehl* dahingehend, dass er diese vom Rechtsgut her ähnlich sehe wie § 266 StGB, der tatsächlich vielleicht nicht alles abdecke. Er fragte *Kasiske*, welche die geschützten Rechtsgüter seien, die nach *Kasiskes* Ansicht das KWG übernehmen sollte. Auch wollte er von *Mir Puig* wissen, ob die von ihm vorgeschlagene Ausweitung auf kollektive Rechtsgüter als Antwort auf neoliberale Tendenzen vorzugswürdig sei. *Hefendehl* sah in *Kasiskes* Ansatz, bei der strafrechtlichen Aufarbeitung der Finanzkrise den Schutzbereich der Bankrottdelikte sowie des Kreditwesengesetzes zumindest de lege ferenda stärker in den Fokus zu nehmen, den richtigen Weg, wobei er selbst denjenigen über das KWG für vorzugswürdig halte. Er frage sich, ob *Kasiske* seiner Interpretation zustimme, dass es hierbei um ein kollektives Strafrechtsgut gehe. Dies sei auch im Hinblick auf das Referat von *Mir Puig* von Interesse. Möglicherweise sei das einseitige Abstellen auf das Rechtsgut Vermögen sowie den Straftatbestand der Untreue anachronistisch und könne eine Betonung auf von der Gesellschaft her konstruierte Rechtsgüter die passende Antwort auf die von *Mir Puig* zutreffend beschriebenen neoliberalen Tendenzen sein. *Rönnaus* Ausführungen zu den Abschlussprüferdelikten brächten plastisch zum Ausdruck, was für ein krudes Verständnis der Gesetzgeber von der Rolle der Abschlussprüfer habe. Denn es werde ein subjektiver Fehlerbegriff zugrunde gelegt, der also nicht einen objektiv fehlerhaften Bericht zum Gegenstand habe, sondern lediglich ein Auseinanderfallen des Ermittelten und des Mitgeteilten. Bei Sachverständigen im Rahmen der Aussagedelikte sei evident, dass der objektive Fehlerbegriff zugrunde zu legen sei, offensichtlich würden die Abschlussprüfer aber nicht als Experten angesehen. Bei der Analyse von *Mir Puig* zu den Entwicklungstendenzen des Strafrechts auch in Zeiten der Finanzkrise könne noch der Aspekt des „Governing through Crime“ hinzugefügt werden. Vielleicht gehe es den Staaten gar nicht entscheidend um eine weitere Effektivierung des Strafrechts, vielleicht stehe der Aspekt der politischen Rentabilität im Vordergrund.

Schroeder erklärte, die Referenten zum deutschen Recht seien vorsichtig gewesen. Auch müsse man den unter Bankiers herrschenden Konkurrenzdruck beachten. Das Strafrecht müsse berücksichtigen, dass die Kreditvergabe immer eine Gratwanderung zwischen Gewinnerzielung und Sicherheit sei und dass ein kollektiver Zwang bestehe, der das Unrechts- oder Gefahrbewusstsein schwäche. Diesen kollektiven Zwang könne man auch gut bei den sale-and-lease-back-Geschäften der Gemeinden sehen. *Schroeder* sah die spin doctors, die Erfinder der neuen Finanzprodukte als eigentliche Verantwortliche, da sie sich ständig neue Umgehungen überlegen würden. Da das Umgehungsverbot gegen das Bestimmtheitsgebot des Art. 103 II GG verstoße, könne laut *Schroeder* die Strafbarkeit nicht auf ein solches Umgehungsverbot gestützt werden. Stattdessen schlug er vor, zur Anknüpfung an die Strafbarkeit einen Typenzwang einzuführen.

Für *Beukelmann* war es zweifelhaft, ob der Sachverhalt der Finanzkrise durch die strafrechtliche Aufarbeitung ermittelt werden könne, insbesondere die Staatsanwaltschaft sei hiermit überfordert. Auch gestalte sich die strafrechtliche Aufarbeitung schwierig, weil die Beteiligten Schweigerechte haben. Des Weiteren sei der Bundestags-Untersuchungsausschuss ein Desaster, über den keine Aufarbeitung möglich sei. *Beukelmann* meinte, dass man in der freien Wirtschaft solche Limbotänze erwarte, die unter der staatlichen Messlatte hindurchtauchen. Dieses Verhalten könne man der Wirtschaft nicht vorwerfen. Jedoch müsse der Staat möglicherweise die Latte anders legen. Bezüglich des eingetretenen Schadens hegte er auch im objektiven Tatbestand Zweifel, da Garantien bereitgestellt wurden. Hier müsse man fragen, wie dies bilanziell zu fassen sei und wie hoch das Ausfallrisiko gewesen sei. Da aber jahrzehntelang kein Ausfallrisiko erkennbar gewesen sei, sei selbst bei der Pflicht zur Erfassung des Risikos im Wege der Konsolidierung kein Schaden eingetreten. Als die Sachlage klar geworden sei, sei es jedoch schon zu spät gewesen.

Mir Puig erläuterte, dass er nicht für einen reinen Liberalismus sei, sondern für eine Synthese aus Rechts- und Sozialstaat. Außerdem meinte er, dass man in der Kriminalpolitik differenzieren müsse, denn immer weniger Strafrecht zu haben, sei nicht das Beste, da Quantität nicht mit Qualität verwechselt werden dürfe. Auch sprach er sich nicht für die Verschärfung des Strafrechts aus, sondern für seine Erweiterung auf neue Konstellationen. Da sich die Gesellschaft ändere, müsse sich das Strafrecht mit ihr ändern. Grundsätzlich befürwortete *Mir Puig* Kollektivrechtsgüter, jedoch wollte er hier ebenfalls differenzieren. Zum Neoliberalismus bemerkte er, dass dort der Staat und das Strafrecht nicht unparteiisch seien. Die Guten seien die Reichen, die Bösen die Verlierer. So gebe es viel Strafrecht für die Verlierer und kein Strafrecht für die Reichen. In diesem Sinne habe auch die Finanzkrise gezeigt, dass Unternehmen nicht per se gut seien und sie daher kontrolliert werden müssten. Dieses Ungleichgewicht der Strafrechtsverteilung müsse geändert werden. So müsse das Strafrecht immer einschreiten, wenn schwere Normvorstöße vorliegen, es dürfe also keinen strafrechtsfreien Raum geben.

Rönnau erklärte, dass die Aussage von *Mir Puig*, also „die Kleinen zu hängen und die Großen laufenzulassen", das Wirtschaftsstrafrecht immer mit sozialkritischem

Unterton begleitet habe. Die Regulierung der Finanzmärkte sei im Moment *das* Thema, jedoch sei genau zu überlegen, wer mit welchem Inhalt regulieren solle; jedenfalls müsse das mit Augenmaß geschehen. Dabei sollten auf der Seite der Regulierer die besten Leute eingesetzt werden; in einem derart dynamischen Umfeld wie dem Finanzmarktsektor sei die vernünftige Regulierung auf Augenhöhe mit denjenigen, deren Handeln reguliert werden solle, aber gerade das Problem. Daher stimme er nicht für mehr, sondern für eine bessere Regulierung. Bezüglich des harten internationalen Wettbewerbs im Bankenbereich stimmte er *Schroeder* zu und merkte an, dass gerade Politiker in den Aufsichtsräten der Landesbanken lange nichts dagegen gehabt hätten, wenn üppige Gewinne in den Staatssäckel fließen. Daher leisteten die Politiker damals keinen Widerstand, obwohl dieser bei derart riskanten Finanzgeschäften nötig gewesen wäre. Zum Thema Untreue bemerkte er, dass starke Indizien dafür vorlägen, dass z.T. grobe Fehler bei der Einrichtung und Unterhaltung von Risikomanagementsystemen begangen worden seien, etwa im Falle der HSH-Nordbank. Wenn die dabei verletzten Regeln den Anforderungen einer Vermögensbetreuungspflicht i.S.v. § 266 StGB entsprechen, liege beim Vorliegen von Schaden und Vorsatz eine Untreue nahe. Gegen eine Fristentransformation sei prinzipiell nichts einzuwenden, sie sei – sachgerecht angewendet – im Bankengeschäft völlig anerkannt, so dass eine untreuerechtlich relevante Pflichtverletzung daran nicht ohne Weiteres geknüpft werden kann. *Rönnau* sah zudem bei der strafrechtlichen Aufarbeitung der Finanzkrise zwei grundlegende Probleme: Auf objektiver Tatbestandsseite seien die Umgehungsgeschäfte problematisch, die formal häufig noch in Übereinstimmung mit dem Gesetzeswortlaut erfolgten, wirtschaftlich aber dem Gesetzesziel entgegenliefen. Im hier interessierenden Kontext fehle es zumeist an strafbarkeitsbegründenden Umgehungsklauseln. Im subjektiven Tatbestand ergebe sich das Problem des „Weiterschiebens des Schwarzen Peters", da jeder sich auf den anderen verlassen, auf dessen Expertise bzw. Absicherung vertraut habe. Der Umgang mit dieser „kollektiven Unvertretbarkeit" sei im Strafrecht bisher nicht überzeugend gelöst.

Kasiske stimmte *Rönnau* bezüglich des Risikomanagements zu. Die Fristentransformation sei grundsätzlich in Ordnung, jedoch müsse das daraus resultierende Risiko bekannt sein und eben adäquat gemanaged werden. Wenn kein ausreichendes Risikomanagement bestehe, liege eine Pflichtwidrigkeit vor. Zwar sah auch *Kasiske* einen Konkurrenzdruck unter Bankiers, für ihn war aber das Strafrecht ein geeignetes Instrument zu seiner Reduzierung. Bei einer strafrechtlichen Flankierung aufsichtsrechtlicher Regulierungsvorschriften könne der Arbeitnehmer dem Vorgesetzten dann dieses strafrechtliche Gebot entgegenhalten, wenn dieser von ihm die Eingehung unvertretbarer Risiken verlangt. Schließlich sei für ein rational handelndes Individuum der Schutz vor Strafe wichtiger als der Schutz vor einem Jobverlust.

Kasiske führte zu *Beukelmanns* Ansichten weiter aus, dass der Gefährdungsschaden wohl besser aus der Existenzgefährdung abzuleiten sei. Dann sei nicht unbedingt eine bilanziell ermittelbare Wertminderung oder die subjektive Billigung des eventuellen Schadens nötig, sondern seiner Meinung nach genüge allein schon das Bestehen eines existenzgefährdenden Risikos für die Annahme des Schadens und auf der subjektiven Tatseite bedürfe es lediglich der Kenntnis dieses Risikos. Zu *Hefendehls* Frage, welches Rechtsgut durch einen neuen Straftatbestand im KWG geschützt werde, erklärte *Kasiske,* er sei von der empirischen These der Systemrelevanz bestimmter Banken überzeugt. Wer eine solche Bank existenziell gefährde, gefährde das System als Ganzes und das Rechtsgut der Funktionsfähigkeit des Bankenwesens sei beeinträchtigt. Wegen dieses Schutzzweckes und da solche systemrelevanten Existenzgefährdungen von Unternehmen in der Regel auf den Bankbereich beschränkt seien, sei die Verortung eines entsprechenden Straftatbestandes im KWG angemessen.

Prittwitz schloss die Diskussion mit einem Kurzresümee, in welchem er zuerst auf den in der Diskussion aufgetretenen Konsens einging. Im Ergebnis sah er wenig Konsens, aber eine große Bereitschaft dazu. So gebe es identische Vorstellungen von der Bestimmung des Rechts, welches prinzipiell überall gelten müsse, jedoch mit seinen spezifischen Regeln. Es herrschte auch Einigkeit darüber, dass die Kumpeleien zwischen Macht und Recht ein Ende haben müssten und das Strafrecht auch in den Vorstandszimmern seine Geltung behalten müsste. Jedoch bestehe ein Problem darin, dass Reiche und Mächtige das Strafbarkeitsrisiko besser vermeiden könnten. Auch sei ein Strafrecht, das trotzdem bestrafen wolle, gerade weil diese Personen mächtig seien, nicht das von ihm gewünschte Strafrecht. Diese ungute Sozialproblematik des Strafrechts müsse umgemünzt werden in eine größere Nachsicht gegenüber den Kleinen. Dies sei in Vorsatz- oder Irrtumsfragen auch durchaus möglich. Zu *Schünemanns* Schneeballsystem bemerkte er, dass dieses nicht per se zum kapitalistischen System gehöre, die Spekulationsgeschäfte aber sehr wohl. Hier bestehe also keine Gleichung, sondern eine essentielle Unterscheidung. *Prittwitz* meinte, *Ipsen* illustriere mit seiner Aussage, diese Leute hätten nur vor dem Strafrecht Angst, ein Problem des Strafrechts. Diese Angst vor dem Strafrecht reiche aber allein als Grund für die Strafbarkeit der Bankiers nicht aus. Auch müsse man die feinen Ziselierungen beachten und da das Potenzial der Vermeidung der strafrechtlichen Verfolgung bei den Reichen und Mächtigen eben viel höher sei, würden sie eben auch vor dem Strafrecht besser dastehen. Zu *Hefendehls* Ausführungen bemerkte er, dass die Kriminalpolitik sich mehr den systemischen Risiken und nicht der Anwendung des geltenden Rechts zuwenden könne. *Beukelmanns* Bild vom Limbotanz gefiel *Prittwitz* gut. Der Staat selbst lege die Latten. Wenn er sie so lege, dass man gut darunter hindurch kommen könne, so könne das Strafrecht nicht als Schiedsrichter daneben stehen und die Art und Weise des Hindurchtauchens beanstanden.

Prof. Dr. Dr. h.c. mult. Bernd Schünemann, München

Die sog. Finanzkrise – Systemversagen oder global organisierte Kriminalität?

I. Problemübersicht

1. Die globalisierte Weltwirtschaft wird seit 2007 von einer Finanzkrise erschüttert, deren Dimensionen nur mit der Weltwirtschaftskrise von 1929 verglichen werden können. Auslöser sind gigantische Transaktionen mit minderwertigen US-amerikanischen Hypothekendarlehen (subprime mortgages), die im großen Stile zu neuartigen Finanzinstrumenten gebündelt und verbrieft wurden, indem sie auf spezielle Zweckgesellschaften (special purpose vehicle, SPV) übertragen wurden, die sich durch die weltweite[1] Ausgabe von forderungsbesicherten Wertpapieren (asset-backed securities, ABS) refinanzierten. Das Gesamtvolumen betrug allein in den Jahren 2005 und 2006 rund 1200 Milliarden US$[2]. Der Niedergang dieses Finanzmarktes setzte Ende 2006 ein, als die wachsende Zahl der in Leistungsverzug geratenden Hypothekenschuldner mit sinkenden Grundstückswerten zusammentraf[3], und führte in drei Schritten zum globalen Desaster: Der erste Schritt bestand in der Krise von zwei Hedgefonds von Bear Stearns sowie dem Zusammenbruch der IKB und der Landesbank Sachsen im Juli bzw. August 2007; die zweite Phase dauerte bis in den Sommer 2008 und führte zu weltweiten Wertberichtigungen führender Banken in Höhe von rund 500 Milliarden US$[4]; die dritte Phase setzte mit dem Zusammenbruch der weltgrößten Hypothekenfinanzierer Freddie Mac und Fannie Mae im Sommer 2008 ein und fand ihren Höhepunkt in der Insolvenz von Lehman Brothers im September 2008[5] Als Heilmittel gegen die Finanzkrise stellten die Industriestaa-

1 Von den bis September 2008 nötig gewordenen Abschreibungen entfielen nur 51% auf amerikanische, 45 % auf europäische Banken, s. *Franke/Krahnen*, The Future of Securitization, Working Paper No. 2008/31 des Center for Financial Studies, Universität Frankfurt am Main, S. 9.

2 *Kumpan*, J. of Corp. L. Studies 2009, 261, 264.

3 *Rousseau*, Regulating Credit Rating Agencies after the Financial Crisis, Paper des Capital Markets Institute an der University of Toronto, http://ssrn.com/abstract=1456708, S. 11.

4 *Franke/Krahnen* (Fn. 1), S. 3.

5 *Mock/Kappius*, Verlauf der Finanzkrise, Wissenschaftliche Dienste des Deutschen Bundestags Ausarbeitung WD 4 - 3000 - 075/09, S. 9 ff.

ten den privaten und öffentlichen Banken frisches Kapital oder zumindest Liquidität und Garantien in Höhe von 1.000 bis 2.000 Milliarden US$ zur Verfügung, wofür gegenüber den Steuerzahlern, die diese Beträge irgendwann einmal aufzubringen haben werden, als Begründung die Notwendigkeit zur Aufrechterhaltung der Geldkreisläufe und damit letztlich des Weltfinanzmarkts angeführt wurde. Da sich weitere globale oder regionale Finanzkrisen bereits am Horizont abzeichnen (beispielsweise in Gestalt der nur noch partiell rückführbaren Verschuldung amerikanischer Privathaushalte über ungesicherte Kreditkarten-Kredite, die in ähnlicher Weise wie die Hypotheken-Kredite zu neuen Finanzinstrumenten gebündelt und weltweit vertrieben wurden; oder für Deutschland in Gestalt des von den Städten und Gemeinden betriebenen Cross Border Leasing mit sich demnächst womöglich realisierenden Risiken wegen Bonitätsverlust der bisherigen Versicherer u. a.), muss für die Zukunft durchaus mit weiteren vergleichbaren Debakeln gerechnet werden. Die von den Regierungen proklamierte schärfere Finanzaufsicht kann an den bereits in der Vergangenheit begründeten Risiken nichts mehr ändern und wird auch für zukünftige Risiken mutmaßlich wenig effizient werden, weil die seit langen Zeiten praktizierte deutsche Aufsicht über Kreditinstitute nicht einmal bei den vom Staat getragenen Landesbanken zu verhindern vermocht hat, dass vom Eigenkapitel her nicht mehr gedeckte Risiken eingegangen wurden.

2. Angesichts dieser in jeder Hinsicht desaströsen Situation der globalen Finanzwirtschaft stellt sich in aller Schärfe die doppelte Frage, ob bereits die gegenwärtige Finanzkrise allein noch mit den Mitteln des Strafrechts aufgearbeitet werden kann bzw. ob das Strafrecht ein geeignetes Mittel darstellt, um eine ähnlich verhängnisvolle Entwicklung für die Zukunft abzuwenden oder wenigstens einzudämmen. Es handelt sich hierbei ohne Zweifel um die komplexeste Fragestellung, die jemals an das Wirtschaftsstrafrecht herangetragen worden ist, so dass in einem räumlich beschränkten Beitrag nur versucht werden kann, die Grundlinien der Frage selbst und die möglichen Lösungswege zu skizzieren.

a) Als erstes ist zu diskutieren, ob globale Krisen eines derartigen Ausmaßes überhaupt einer Steuerung mit dem Mittel des Strafrechts zugänglich sind. Die Behandlung der Krise in den Medien erweckt ganz überwiegend den Eindruck, als ob es sich um ein quasi naturwüchsig ablaufendes, vorausschauender Steuerung entzogenes Geschehen handele, ähnlich wie wenn durch unabwendbare Naturgewalten eine Katastrophe ausgelöst wird. Diese Sicht ist aber erkennbar unrichtig und dürfte eher das Produkt einer geschickten Medienpolitik der für die Krise verantwortlichen Entscheidungsträger und Machthaber sein. Denn sowohl die Produktion derjenigen Finanzinstrumente, die die globale Finanzkrise ausgelöst haben, als auch deren Erwerb und die permanente Aufblähung der gigantischen Geschäftsvolumina sind im einzelnen auf ganz konkrete unternehmerische Entscheidungen einzelner Personen zurückzuführen, waren dementsprechend also von Anfang bis Ende an sich im Detail steuerbar – die Frage ist nur, mit welchen Mitteln.

b) Das nächste in der Presse mit großem Erfolg verbreitete Argument lautet: dass die handelnden Akteure von diesen Konsequenzen überrascht worden seien, weil sie die

Situation nicht richtig eingeschätzt hätten. Soweit dies damit begründet wird, dass die Akteure nicht überblickt hätten, welche Risikostrukturen die von ihnen angeschafften Finanzinstrumente eigentlich aufgewiesen hätten, weil sie nicht einmal genau gewusst hätten, wie sich die von ihnen getätigten Investments im einzelnen zusammensetzten, führt sich diese Argumentation auf der Ebene der objektiven Zurechnung ohne weiteres selbst ad absurdum. Denn normalerweise darf niemand, der wie ein Bankvertreter über ihm nicht selbst gehörende Vermögenswerte disponiert, Dispositionen treffen, deren Konsequenzen er nicht zuverlässig zu überblicken vermag. Oder sollte es für Milliardentransaktionen am Weltfinanzmarkt, der mittlerweile sogar umgangssprachlich von der „Realwirtschaft" unterschieden wird, genügen, sich blind auf die (vorliegend glänzenden) Beurteilungen durch Ratingagenturen zu verlassen? Zumindest könnte deshalb womöglich der strafrechtliche Vorsatz entfallen.

c) Als drittes stellt sich die Frage, ob es überhaupt geeignete Straftatbestände gibt oder geben kann, durch die aa) in rechtstechnischer Hinsicht bzw. bb) in legitimationstheoretischer Hinsicht das Verhalten der Bankvertreter, das durch seine in gigantischem Ausmaß erfolgte globale Übung zu der Katastrophe geführt hat, strafrechtlich erfasst werden kann bzw. bei rechtzeitiger Einfügung ins Strafgesetzbuch hätte erfasst werden können.

aa) Gegenstand des Beitrages wird vor allem die Darstellung und Analyse des Straftatbestandes der Untreue (§ 266 StGB) mitsamt der Frage bilden, ob es sich hierbei um eine in jeder Weise ausreichende Vorschrift zur strafrechtlichen Erfassung der genannten Schädigungshandlungen handelt.

bb) Es ist sicher kein Zufall, dass namentlich auf Konferenzen, die in Deutschland von Seiten der Banken und der Finanzwirtschaft veranstaltet werden, die Legitimität des deutschen Untreuestraftatbestandes bestritten wird, wofür sich auch stets genügend deutsche Strafrechtswissenschaftler als Referenten finden lassen. Diese Kritik ist durchaus ernst zu nehmen und wird im Rahmen des Beitrages ebenfalls zu untersuchen sein.

II. Zum Sachverhalt

Anders als in dem ebenfalls Aufsehen erregenden, aber in seinen Dimensionen im Vergleich mit der Finanzkrise nur den Splitter eines peanuts[6] bildenden *Mannesmann*-Fall kann der Subsumtion nicht ein von den Betroffenen in allen ergebnisrelevanten Details eingeräumter Tatbestand[7] zugrunde gelegt werden. Deshalb will ich versuchen, für die strafrechtliche Prüfung auf Grund der Literatur[8] einen Rahmensachverhalt offenkundiger Tatsachen zu beschreiben, der unter dem selbstverständlichen Vorbehalt steht, dass jedes einzelne Strafverfahren hiervon Abweichungen zu Tage fördern kann.

1. Hintergrund der gesamten Entwicklung ist das von dem amerikanischen Bankier *Lewis Ranieri* entwickelte Konzept der „securitization“: Die von Banken an Immobilienbesitzer gegebenen und durch Hypotheken auf den Immobilien abgesicherten Darlehen wurden (s. schon o. I.1.) an ein SPV abgetreten, das die zahllosen Darlehen bündelte und darauf Wertpapiere ausgab, die sog. Asset bzw. Mortgage Backed Securities (ABS bzw. MBS) als Spezialfall forderungsbesicherter Wertpapiere (sog. "Collateral Debt Obligations", abgekürzt CDO). Diese Wertpapiere wurden in größtem Umfange produziert und international gehandelt, die Schätzungen per 2007 gehen bis 4.000 Milliarden Dollar. Die emittierende Zweckgesellschaft übernahm dabei für die von ihr gebildeten und veräußerten Wertpapiere keinerlei Haftung, so dass die Verzinsung und Rückzahlung der Wertpapiere allein von der Zahlungsbereitschaft und Zahlungsfähigkeit der Immobilienbesitzer abhing. Bei diesen handelte es sich zunehmend nicht um erste Adressen wie etwa angesehene Unternehmen, sondern um Privatleute, über deren Bonität keinerlei gesicherte Daten vorlagen, weshalb man eben von Subprime Mortgages, also von nicht-erstklassigen Hypothekendarlehen sprach. Den Grund hierfür bildete die unter der Präsidentschaft *Clintons* erlassene Novelle zum Community Reinvestment Act, durch die die Banken wirksam gezwungen wurden, auch Kunden mit geringer Bonität (die über keinerlei Eigenkapital und Einkommen zur Bedienung der Kredite verfügten)[9] Kredite zum

6 1994 vom damaligen Vorstandssprecher der Deutschen Bank, *Hilmar Kopper*, auf Handwerkerforderungen in Höhe von 50 Mio. DM angewendet und zum „Unwort des Jahres“ avanciert.

7 Wie er in Gestalt des von der Deutschen Bank eingeholten Gutachtens *Hüffers* vorlag, s. *Schünemann,* Organuntreue, 2004, S. 42.

8 Wobei nur einzelne Details der nachfolgenden Schilderung speziell belegt werden sollen; allgemein stützt sie sich auf *Sinn,* Kasino-Kapitalismus, 2009; ferner auf die Darstellungen und Nachweise in den o. Fn. 1-4 zit. Beiträgen, im Beitrag von *Kasiske*, o. S. 13 ff.; *Gallandi*, wistra 2009, 41; *Lüderssen*, StV 2009, 486; *Lutter*, ZIP 2009, 107*; ders.*, BB 2009, 786.

9 Sog. NINJA-Kredite, bei denen die Kreditnehmer no income, no job und no assets besaßen, also weder ein Einkommen noch eine Arbeitsstelle noch irgendwelche sonstigen Vermögenswerte.

Erwerb eines Eigenheims zu gewähren[10]. Und weil das Geschäftsmodell permanent eine neue enorme Liquidität für die ursprünglich die Hypotheken ausgebenden Banken bewirkte, wurde dadurch eine ständig wachsende Nachfrage nach der Vergabe dieser Kredite erzeugt. Mitursächlich war dabei die Politik des früheren Direktors der US-amerikanischen Notenbank, *Alan Greenspan*, Krisen in der amerikanischen Wirtschaft und vor allem im Bankensystem am Ende von gigantischen Schneeballsystemen und Spekulationswellen (wie etwa nach dem Platzen der sog. Dotcomblase) dadurch zu bekämpfen, dass die Geldmenge sprunghaft erhöht und den Banken praktisch Geldmittel in beliebiger Höhe zur Verfügung gestellt wurden, was naturgemäß eine potenzierte neue Nachfrage nach Anlageobjekten auslöste.

2. Wegen der fehlenden Bonität der Kreditnehmer, die in den USA ohnehin normalerweise nicht persönlich, sondern nur mit der Immobilie selbst haften[11], hing die Werthaltigkeit ausschließlich vom Wert der besicherten Grundstücke und deren rechtzeitiger Liquidisierbarkeit ab. Auch hiermit war es aber schlecht bestellt, denn aus einer ganzen Reihe von Gründen war die Absicherung schon von vornherein *mit wachsender Tendenz minderwertig*.

a) Die Bedienung der Kredite hing davon ab, dass die Kreditnehmer nach Auslaufen der ihnen durchweg für wenige Jahre zugesagten, besonders niedrigen Anfangsverzinsung[12] in der Lage waren, durch einen gewinnträchtigen Verkauf der Immobilie den Kredit und rückständige Zins- und Amortisationsbeträge zu tilgen. Da die Hypothekenkredite zumindest[13] den gesamten Wert des Grundstücks aufbrauchten und nicht, wie in Deutschland selbst bei Schuldnern mit guter Bonität üblich, nur zwei Drittel oder drei Viertel, setzte das Modell von vornherein steigende Immobilienpreise voraus, die – weil dieser Markt ja durchweg Immobilien in den Wohngegenden der sozial schwachen Bevölkerungsschichten betraf, die also auch nur wiederum an Mitglieder derartiger Schichten verkauft werden konnten – nur durch die erneute Vergabe von NINJA-Krediten (Fn. 9) bei der zur Rückführung des ersten Kredits notwendigen Grundstücksveräußerung am Leben gehalten werden konnten. Der Subprime-Markt, der im Jahre 2003 von eineinhalb Millionen Hypothekenkrediten bis 2007 auf über 6 Millionen pro Jahr anwuchs[14], hatte also aus zwingenden ökonomischen Gründen eine *schneeballsystemanaloge* Struktur.

b) Der zweite Grund für die verschärfte quantitative Dimension dieser Struktur lag darin, dass die erheblichen Honorare und Provisionen für Bonitätsprüfungen, Kreditvermittlung, Beratung u.a., die von der Höhe her häufig bis in den Wucherbereich

[10] Näher *Sinn* (Fn. 8), S. 116 ff.

[11] Sog. non-recourse loans, s. *Sinn* (Fn. 8), S. 106 f.

[12] Sog. Teaser Rate Loans, s. *Sinn* (Fn. 8), S. 111; *Rousseau* (Fn. 3), S. 11.

[13] In Wahrheit erheblich mehr, s. i. f. sowie *Sinn* (Fn. 8), S. 110 f.

[14] Tabelle bei *Sinn* (Fn. 8), S. 120.

ragten, dem Kreditvolumen zugeschlagen wurden[15], so dass der Wert der Immobilien von vornherein selbst im günstigsten Fall nur einen Teil der gewährten Kredite versichern konnte.

c) Diese Struktur wurde abermals schon auf der ersten Stufe, also bei den Hypothekenbanken, durch einen verbreiteten Finanzierungstrick weiter verschärft, nämlich durch die sog. Cash-Back-Kredite[16]. Dahinter steckt die verdeckte Einrechnung von Krediten für sonstige Anschaffungen oder die allgemeinen Lebenshaltungskosten in den Hypothekarkredit, wodurch doppelt desaströse Folgen verursacht wurden: Zum ersten wurden dadurch statistisch höhere Grundstückswerte vorgespiegelt, als sie selbst an dem künstlich durch die Sozialgesetze der USA geschaffenen Subprime-Markt existierten; und zum anderen mussten derartige NINJA-Kredite zwangsläufig notleidend werden und machten, wenn sie durch Verkauf rückführbar sein sollten, eine entsprechende Überbewertung und damit eine abermalige künstliche Preissteigerung am Subprime-Immoblienmarkt notwendig.

d) Durch das MBS-Geschäftsmodell im Subprime Sektor wurde deshalb in notwendig geplanter Weise ein mehrfach gesteigerter Schneeballeffekt ausgelöst. Der Unterschied zu einem üblicherweise als Schneeballsystem bezeichneten Geschäftsmodell liegt (nur) darin, dass bei diesem die Zahl der Geschäftsobjekte laufend anwachsen muss, um die vorgeblichen Erträge der früheren Objekte bedienen zu können, während bei dem Subprime-Geschäftsmodell eine wiederholte Transaktion mit demselben Objekt zu jeweils anwachsenden Preisen vorgenommen werden musste. Im Unterschied zum klassischen, „extensiven“ Schneeballsystem werde ich dieses Geschäftsmodell künftig das *„intensive Schneeballsystem“* nennen. Die notwendige und geplante Folge war, dass die Immobilienpreise in den USA in wirtschaftlich paradoxer (weil innerlich nicht begründeter) Weise auch bei minderwertigen Immobilien zunächst haussierten, so dass man anfangs davon ausgehen mochte, dass die dem Kreditnehmer unmögliche Verzinsung und Tilgung später aus der Veräußerung seiner dann einen höheren Verkaufserlös erbringenden Immobilie bestritten werden könnte – doch war der Kollaps dieses Schneeballsystems (wie der jedes anderen) sicher und nur dessen Zeitpunkt ungewiss.

3. Der schon auf der ersten Stufe angelegte Charakter des Geschäftsmodells als intensives Schneeballsystem verschärfte sich durch die Art der Verbriefung und Refinanzierung in doppelter Weise. Zum einen fielen bei der Verbriefung erhebliche Honorare und Gebühren an, sowohl bei den die Verbriefung betreibenden Banken als auch durch die Kosten der Ratingagenturen[17], deren Einschaltung im US-amerikanischen Kapitalmarktrecht und auch in der EU nach den Eigenkapitalvor-

[15] *Sinn* (Fn. 8), S. 138 f.

[16] *Sinn* (Fn. 8), S. 110 f.

[17] *Sinn* (Fn. 8), S. 141.

schriften von „Basel II“ im Rahmen der Risikobewertung als „externes Rating“ vorgesehen ist[18]. Und zum zweiten fielen diese Gebühren nicht nur einmal, sondern mehrmals an, weil zur Erzielung eines möglichst großen Prozentsatzes von mit dem Prädikat „AAA“ (Triple A) eingestuften Papieren eine *Verbriefungskaskade* vorgenommen wurde, indem die Käufer der MBS-Papiere die bereits verbrieften Ansprüche abermals verbrieften[19]. Auch wenn in der mir derzeit verfügbaren Literatur keine Größenordnungen angegeben werden, kann doch kein Zweifel daran bestehen, dass die mehrfache Verursachung der bei Verbriefung und Rating anfallenden Kosten den vom Grundstückswert ohnehin nur gedeckten Teil der Hypotheken weiterhin erheblich verringerte und damit die Notwendigkeit des intensiven Schneeballsystems abermals verschärfte. Wenn man bedenkt, dass die Immobilienwerte von vornherein um etwa ein Drittel unter dem Volumen der bewilligten Kredite lagen[20] und dass als Erwerber der Immobilien ausschließlich einkommensschwache Schichten, wenn nicht überhaupt einkommens- und vermögenslose Personen in Betracht kamen, ließ es sich eigentlich unschwer abschätzen, dass das auf die „Sekuritisation“ US-amerikanischer subprime mortgages aufgebaute intensive Schneeballsystem eine Verfallszeit von nicht mehr als einigen Jahren haben würde mit der ersten großen, über die Preise auf dem Immobilienmarkt rückgekoppelten Krise, sobald die niedrige Anfangsverzinsung in weitem Umfange auslaufen würde. Der alsbaldige Zusammenbruch dieses intensiven Schneeballsystems war also bereits ex ante sicher, wobei man die Vermutung wagen darf, dass vermutlich ein Bruchteil der von den Rating-Agenturen aufgewendeten mathematischen Modelle und Rechnungen genügt hätte, um diesen Zeitpunkt einigermaßen verlässlich vorauszusagen.

4. a) Eine ganze Anzahl deutscher Banken hat die MBS-Papiere in einem exorbitanten Umfang angekauft, so in großem Umfang die Deutsche Bank, aber auch viele staatliche Banken, beispielsweise die Bayerische Landesbank für 30 Milliarden Euro, die Sächsische Landesbank für über 20 Milliarden Euro, die Westdeutsche Landesbank für über 25 Milliarden Euro und die halbstaatliche IKB für über 10 Milliarden Euro[21]. Die Wertpapiere wurden dabei durchweg auf Kredit gekauft, der aber eine nur kurzfristige Refinanzierung darstellte und dessen Bedienung deshalb davon abhing, dass der Markt für die Subprime Mortgages keine Störungen erlitt. Dabei wurden die Papiere formal nicht von den Banken selbst erworben und gehalten, sondern von für die Banken im Ausland gegründeten weiteren Zweckgesellschaften („Conduits“)[22], die, abgesehen von den Wertpapieren, völlig vermögenslos

[18] Dazu näher *Richter,* Die Verwendung von Ratings zur Regulierung des Kapitalmarkts, 2008; §§ 52 ff. Solvabilitätsverordnung.

[19] *Sinn* (Fn. 8), S. 131 ff.

[20] *Sinn* (Fn. 8), S. 139 f.

[21] Zu den daraus per April 2009 realisierten Verlusten *Sinn* (Fn. 8), S. 66 f., 187 f.

[22] Beispielsweise bei der IKB in Gestalt der „Rhineland Funding Capital Corp.“ u. a.

waren. Deshalb konnten die Zweckgesellschaften die Papiere nur auf Kredit kaufen, für den wiederum die Banken die Bürgschaft übernehmen mussten.

b) Zum Verständnis dieser auf den ersten Blick rätselhaften Investmentstrategie genügt eine vierfache Erklärung: (1) Die Conduits refinanzierten sich auf dem Kapitalmarkt durch kurzfristige Kredite, deren Zinssatz erheblich günstiger lag als derjenige der erworbenen Papiere entsprechend den sie deckenden langfristigen Hypotheken, was angesichts der gigantischen Dimensionen rechnerisch enorme Gewinne abwarf. (2) Weil die Banken weder die Conduits noch die MBS-Papiere in ihrem Portefeuille hielten und den Conduits die Kreditlinien auch immer nur für ein Jahr (oder darunter) einräumten (freilich regelmäßig erneuerten), brauchten sie dieses Engagement nach ihrem Verständnis weder in ihren Bilanzen zu konsolidieren noch auf ihre Eigenkapitalausstattung nach Basel I (später Basel II und SolvV) anrechnen zu lassen, während die Conduits als ausländische Gesellschaften ohnehin nicht der deutschen Bankenaufsicht unterlagen. (3) Die Papiere wurden dergestalt in 3 Tranchen aufgeteilt, dass (aus welcher Forderung auch immer) eingehende Zahlungen zunächst der ersten (Senior-)Tranche zugeschlagen wurden, weshalb die Ratingagenturen den Papieren dieser Tranche durchweg die Bewertung AAA o. ä. zuerkannten, die nur bei praktisch ausgeschlossenem Risiko etwa bei Anleihen wirtschaftlich prosperierender Staaten u. ä. vergeben wird. (4) Gegen das Ausfallrisiko konnte man sich durch Credit Default Swaps (CDS) versichern, beispielsweise beim weltgrößten Kreditversicherer AIG in den USA.[23]

c) Allerdings: Die rechtlichen Bedingungen der erworbenen Wertpapiere waren in 300 – 400 Seiten langen Vertragstexten enthalten, die der emittierenden Zweckgesellschaft das Recht verliehen, die in den Wertpapieren gebündelten Darlehen durch andere zu ersetzen, was dazu führte, dass nach und nach immer wertvollere aus dem Bündel herausgenommen und durch immer minderwertigere Darlehen ersetzt wurden. Die bereits beschriebene Verbriefungskaskade mit erneuter Bildung einer (relativen!) Seniortranche führte dazu, dass zuletzt mehr als 80 % aller ausgegebenen CDO-Tranchen der AAA-Kategorie zugeordnet wurden.[24] Erklärt wird dieser die Seriosität der Ratings ad absurdum führende Befund in subjektiver Hinsicht durch das hohe finanzielle Eigeninteresse und die infolgedessen fehlende Neutralität der Ratingagenturen (die sowohl für die Beratung bei der Emission als auch für das anschließende Rating vom Emittenten bezahlt wurden[25]), in objektiver Hinsicht durch die Vernachlässigung des Systemrisikos[26], die Einwertung auf Grund völlig unzulänglicher Datenbasen und Erfahrungen[27] und die fehlerhafte Unterstellung der

23 *Sinn* (Fn. 8), S. 158.

24 *Sinn* (Fn. 8), S. 142.

25 *Sinn* (Fn. 8), S. 141; *Rousseau* (Fn. 3), S: 25 ff.; *Kumpan* (Fn. 2), S. 272 ff.

26 Sinn (Fn. 8) S. 141.

27 *Kumpan* (Fn. 2), S. 273.

Unabhängigkeit der veranschlagten Risiken[28]. Und auch die Absicherungsgeschäfte waren Objekt einer entsprechenden Verbriefungskaskade der daraus gebildeten CDS-Papiere, die sich 2008 auf ein Gesamtvolumen von 60 Billionen Dollar beliefen, mehr als das Bruttosozialprodukt der gesamten Welt[29]. Der Hauptversicherer AIG brach dementsprechend in der Finanzkrise ebenfalls zusammen und konnte nur durch Verstaatlichung vor dem Insolvenzfall bewahrt werden.[30]

5. Nachdem die Immobilienhausse in den USA im Juni 2006 endete, die Preise seitdem permanent zurück gingen[31] und die Immobilienbesitzer die Zins- und Rückzahlungen, die bis dahin zum großen Teil zu Lasten der Preissteigerungen gebucht worden sein dürften, nicht leisten konnten, brach auch der Markt mit den Mortgage Backed Securities zwangsläufig zusammen, wonach die Papiere unverkäuflich und damit praktisch wertlos wurden. Amerikanische Immobilienfinanzierer, Großbanken und Versicherungen kollabierten in großer Zahl, wurden aber mit Ausnahme von *Lehman Brothers*, die in die Insolvenz gingen, durch Fusionen oder staatliche Maßnahmen vor dem Konkurs bewahrt. Die normale Folge wäre auch die Insolvenz zahlreicher europäischer und vor allem auch deutscher Banken gewesen, was durch riesige staatliche Rettungspakete, speziell in Deutschland dadurch abgewendet worden ist, dass den Banken an direkten Finanzmitteln und Bürgschaften über 578 Milliarden Euro zugewendet worden sind[32]; daneben haben die Zentralbanken der USA, Europas und Japans den Banken 1,5 Billionen Euro an zusätzlicher Liquidität geliehen[33]. Bei diesen Aktionen, die von der Regierung, der Politik und in den Medien praktisch ohne Widerspruch als eine notwendige und mutige Intervention zur Rettung des Weltfinanzsystems qualifiziert worden sind, waren deutsche Regierungsmitglieder, Spitzenpolitiker und Spitzenbeamte gewissermaßen auf beiden Seiten beteiligt, (1) weil die weitgehend der Bundesrepublik Deutschland gehörende Kreditanstalt für Wiederaufbau (KfW) und der die Rettungsaktion dirigierende Ministerialdirektor *Asmussen* sehr aktiv an der Organisation des Erwerbs derartiger Finanzinstrumente durch deutsche Investoren mitgewirkt hatten[34], (2) weil die Deutsche

28 *Sinn* (Fn. 8), S. 133 f., 141.

29 *Sinn* (Fn. 8), S. 204.

30 *Sinn* (Fn. 8), S. 158.

31 Tabellen bei *Sinn* (Fn. 8), S. 48 und 50,

32 Tabelle bei *Sinn* (Fn. 8), S. 212.

33 Dazu instruktiv das Dossier in „Die Zeit“ Nr. 3 v. 14.1.2010, S. 13 ff.

34 Siehe *Asmussen,* Verbriefungen aus Sicht des Bundesfinanzministeriums, Ztschr. f. d. ges. Kreditwesen 2006, 1016, 1018: „Risikogerecht wird für viele Kreditinstitute die Eigenkapitalanforderung an ihre ABS-Bestände sinken und für sie der Erwerb von ABS zur Diversifizierung ihres Portfolios wesentlich erleichtert. Seitens des BMF wird im Umsetzungsprozess der Basel II-Regeln für ABS vor allem auch darauf geachtet werden, dass den Instituten keine unnötigen Prüf- und Dokumentationspflichten entstehen wer-

Industriebank AG „IKB“, deren Hauptaktionär die dem Staat gehörende KfW gewesen ist, selbst derartige Investments in Höhe von über 10 Milliarden Euro getätigt hatte, und (3) weil die schon erwähnten Landesbanken in ihren Kreditausschüssen durchweg die Finanzminister oder hohe Beamte der betreffenden Bundesländer sitzen hatten, ohne deren Zustimmung die ganzen Geschäfte nicht hätten getätigt werden können. Während auf die Frage einer sich für die Aufsichtsgremien ergebenden strafrechtlichen Haftung noch einzugehen ist, liegt die politische Frage der Regierungsverantwortlichkeit wegen womöglich überzogener Liberalisierung des Kapitalmarktes außerhalb des Themas dieses Beitrags, doch sei wenigstens dem Vergessen entrissen, dass ursprünglich Spekulationsgeschäften von Nichtkaufleuten in Form der Differenzgeschäfte durch § 764 BGB die Rechtswirksamkeit versagt worden war, bis dieser Schutz durch die Börsenrechtsnovelle vom 11.7.1989[35] auf eine Informationspflicht (§ 53 Abs. 2 BörsG a. F.) reduziert und durch das 4. Finanzmarktförderungsgesetz (sic!) vom 21.6.2002[36] aufgehoben wurde.

III. Kann die strafrechtliche Verfolgung einzelner Personen überhaupt als Mittel zur Bewältigung eines kollektiven Versagens des Finanzsystems eingesetzt werden?

1. Bevor ich mich an die dogmatische Analyse begebe, ob die Entscheidungen der Bankvorstände und -manager über die Milliardeninvestitionen in Subprime Mortgages Straftatbestände erfüllen können, muss ich kurz auf den bereits erwähnten grundsätzlichen Einwand zu sprechen kommen, der im Schrifttum gegenwärtig gegen jede strafrechtliche Untersuchung erhoben wird: Die Suche nach Schuldigen mache keinen Sinn, weil das Fehlverhalten zum Normalfall geworden sei und sich bei Tausenden von Entscheidungsträgern zeige, ohne dass man einzelne Individuen zu Hauptverantwortlichen machen könne und solle.[37]

Aber dieses Argument ist noch weniger überzeugend als sein mit Recht allgemein verworfener Einsatz im Fall staatlich organisierter Verbrechen, die immerhin von der Obrigkeit angeordnet und mit Hilfe von willfährigen Befehlsempfängern durchgeführt worden sind,[38] während es heute nur um das übereinstimmende Verhalten

den, wenn sie in ‚gängige‘ ABS-Produkte mit gutem Rating investieren“; dazu scharfe Kritik bei *Gallandi,* ZRP 2008, 128, 129.

35 BGBl I 1412, daselbst Art. 1 Nr. 22 und zur Begründung BT-Dr 11/4177, S. 9 f., 18 f.

36 BGBl I 2010.

37 *Sinn* (Fn. 8), S. 97.

38 Dazu am Beispiel der Regierungskriminalität in der DDR *Klein, Ipsen, Marxen/Werle, Schünemann, Ebert, Seebode* in: Deutscher Bundestag (Hrsg.), Materialien der Enquete-Kommission „Überwindung der Folgen der SED-Diktatur pp.“ Band II/2, S. 929-1601.

einer Berufsgruppe geht, die von niemandem und erst recht nicht vom Staat zu ihrem Tun gezwungen wurde.

2. Ebenso wenig darf die strafrechtsdogmatische Analyse wegen *Lüderssens* Verdachts blockiert werden, dass „die selbständigen Mechanismen der betriebswirtschaftlichen Systeme ... den Hauptpart" übernähmen, weshalb man bei den „Personen, die man für ihre Mitwirkung haftbar machen wollte, gewissermaßen nur eine (straflose) Teilnahme ohne Haupttat" vor sich hätte[39] – was sodann in einer tief dringenden strafrechts- und regelungsphilosophischen Betrachtung zu dem Resultat geführt wird, dass die „strafrechtsrelevanten normativen und empirischen ökonomischen Zusammenhänge, in denen sich die virtuellen Täter und Taten im Risikomanagement des Wirtschaftslebens" bewegten, ebenso wie „die Wirkungen, die in den anvisierten Fällen von ... Sanktionen ausgehen" könnten, „nicht einmal ansatzweise erforscht" seien und sich deshalb „die Strafrechtsprechung zurückhalten" müsse[40], und damit letztlich auf das Postulat hinausläuft, man könne doch nicht durch Strafverfahren gegen Individuen die kollektiven und globalen Folgen der Finanzkrise bewältigen oder gar verhindern wollen. Denn es erscheint mir nicht zweifelhaft, worum es in dem einzelnen Strafverfahren selbstverständlich nur gehen kann, aber auch gehen muss: natürlich nicht um globale systemische Abläufe, sondern schlicht um die Prüfung, ob minderwertige oder gar wertlose Papiere unter der Vorspiegelung größerer Werthaltigkeit an Gutgläubige verkauft worden sind (dann Betrug) oder ob der einzelne Bankvorstand durch die Investitionen in Kenntnis ihrer Wertlosigkeit seine eigene Bank geschädigt hat (dann Untreue). Das sind klar umgrenzbare, legitime und seit 1871 unbestritten genuin strafrechtliche Fragen, die nicht etwa deshalb illegitim werden, weil die Einzeltaten durch ihre gigantische Zahl sogar zu einer globalen Finanzkrise geführt haben oder die fraglichen Täter zum Establishment der Hochfinanz gehören mögen (weshalb sie ja auch zum Themenkreis eines deutschen „Institute for Law and Finance" gehören und genommen werden, mögen sie auch dessen Geldgebern unbequem erscheinen).

39 *Lüderssen*, StV 2009, 486, 487.

40 *Lüderssen*, StV 2009, 494; ähnlich *Lüderssens* Resümee: „Dort, wo nur hoch differenzierte Steuerungsinstrumente greifen, muss das S t r a f r e c h t als Instanz für die Unterscheidung von Recht und Unrecht versagen", in: Kempf/Lüderssen/Volk (Hrsg.), Die Handlungsfreiheit des Unternehmers – wirtschaftliche Perspektiven, strafrechtliche und ethische Schranken, 2009, S. 241, 316.

IV. Betrug durch Vertrieb minderwertiger Papiere

1. a) Die Prüfung des deutschen Betrugstatbestandes (§ 263 StGB) soll kurz ausfallen, weil es bei den als Täter vor allem in Betracht kommenden Personen um US-amerikanische Staatsbürger geht, die in den USA gehandelt haben, auch wenn der Erfolg in Deutschland eingetreten und deshalb gemäß § 9 Abs. 1 StGB das deutsche Strafrecht anwendbar ist. Als Mittäter des Betruges kommen in erster Linie die verantwortlichen Initiatoren und Vertreiber des jeweiligen MBS-Wertpapieres sowie die verantwortlichen Personen der eingeschalteten Ratingagenturen in Betracht, und als Gegenstand der Täuschung die Verleihung des höchsten Ratingprädikats „Triple A" o. ä. Die zentrale dogmatische Frage lautet hier, ob es sich bei diesem Rating um eine Tatsachenbehauptung oder um ein für die Subsumtion unter § 263 StGB nicht ausreichendes Werturteil handelt. Während in den USA anscheinend davon ausgegangen wird, dass die Vornahme eines Rating unter die Meinungsfreiheit fällt und also ein Werturteil darstellt[41], wird in der Dogmatik des Betrugstatbestandes allgemein darauf abgestellt, ob das Urteil einen beweisbaren Tatsachenkern enthält[42]. In diesem Sinne handelt es sich bei der Frage, ob eine Hypothek oder eine Kapitalanlage sicher ist, nach ständiger Rechtsprechung wegen des damit verbundenen Tatsachenkerns um eine Tatsachenbehauptung[43]. Wörtlich heißt es in BGHSt 48, 345: „Sind ... die potentiellen Anleger über die wesentlichen betriebswirtschaftlichen Rahmendaten in Kenntnis gesetzt worden, dann kann eine allgemein gehaltene Bemerkung wie ‚sicher' oder ‚risikolos' nur als pauschale Anpreisung verstanden werden. Fehlen dagegen wirtschaftlich konkrete Informationen, kann der gleichen Aussage ein tatsächlicher Hintergrund zukommen. Die nicht näher mit Tatsachenmaterial unterfütterte Bezeichnung als ‚sicher' oder ‚risikolos' legt es nämlich nahe, dass ein Maß an Forderungsabsicherung vorhanden ist, welches im Verkehr üblicherweise als sicher verstanden wird, wobei insoweit die mündelsicheren Anlagen... und der dort vorgesehene Sicherheitsstandard einen Anhalt bieten könnten." Hierbei spricht selbständig und bestärkend für die Annahme einer Tatsachenbehauptung, wenn der Erklärende eine „besondere Beurteilungskompetenz" für sich in Anspruch nimmt[44]. Bei der Zuteilung des Rating „AAA" kommen alle diese Gesichtspunkte zusammen und verleihen deshalb diesem Prädikat eindeutig den Charakter einer Tatsachenbehauptung im Sinne des § 263 StGB: Das Rating beruht auf einer Vielzahl interner Prüfungen, deren Parameter im Rating selbst nicht offengelegt werden. Die Ratingagentur nimmt nicht nur für sich selbst eine besondere Beurteilungskompetenz in Anspruch, sondern hat diese auch nach dem amerikanischen Kapitalmarkt-

41 So jedenfalls *Sinn* (Fn. 8), S. 145.

42 Näher MüKo/*Hefendehl*, § 263 Rdn. 65 m. w. N.; aus der Rechtsprechung zuletzt BGHSt 48, 331, 344 f.; weitere Nachweise bei *Fischer*, StGB, 57. Aufl., 2010, § 263 Rdn. 9.

43 Bereits RGSt 20, 3 f.; BGHSt 48, 331, 344 ff.

44 *Fischer*, § 263 Rdn. 10 a m. w. N.

recht wie auch nach den in Basel II vereinbarten Regeln in Europa mit normativer Wirkung zuerkannt erhalten, und speziell das Rating „AAA“ artikuliert den weitestgehenden Ausschluss jeglichen Risikos, bedeutet also eine direkte Parallele zu der mündelsicheren Anlage des deutschen Rechts[45].

b) Dass die MBS in Wahrheit nur eine Absicherung zu einem Bruchteil des Nennwertes besaßen, also unter keinen Umständen eine Rating-Bestnote rechtfertigten, steht für jede einzelne Hypothek außer Frage. Genauerer Prüfung bedürfen jedoch die Konsequenzen der Tranchenbildung, insoweit die bevorzugte Bedienung der Seniortranche den Käufern dieser Tranche selbst dann noch Zahlungen zu sichern scheint, wenn im Gesamtpool schon erhebliche Ausfälle auftreten. Eine detaillierte Prüfung ist an dieser Stelle naturgemäß nicht möglich, weil die von den Ratingagenturen benutzten mathematischen Modelle nicht bekannt sind. Unter diesem Vorbehalt wird man aber die These als hochwahrscheinlich qualifizieren müssen, dass diese Modelle schwerwiegende Mängel aufgewiesen haben und der wirtschaftlichen Situation der MBS von Anfang an nicht gerecht geworden sind. Weil es sich bei der Verbriefung von Subprime Mortgages, wie dargelegt, um ein intensives Schneeballsystem gehandelt hat, musste in dem Augenblick, in dem die Immobilienhausse stagnierte oder gar kollabierte, mit hohen Ausfällen gerechnet werden, für die es keine ausreichenden Erfahrungen gab und deren vollständige Antizipation in den mathematischen Modellen so gut wie unmöglich gewesen ist. Erst recht ist die Seniortranche durch die kaskadenhafte Verbriefungsmethode immer mehr von unten „angefressen“ worden. Und weil es schließlich bei den MBS um langfristige Investments ging[46], erscheint es ausgeschlossen, dass das „Systemrisiko“ des den gesamten Markt erfassenden Kollapses die Bedienung der Seniortranche nicht nur kurz-, sondern langfristig verschonen sollte. Die Einordnung der MBS in die höchste Bonitätsstufe, die ein Ausfallrisiko bei fast Null wie etwa bei Staatsanleihen der Bundesrepublik Deutschland oder Schuldverschreibungen von Daimler-Chrysler oder General Electric bedeutet, war deshalb bei unterstellter Gutgläubigkeit der Verantwortlichen der Ratingagenturen eine „katastrophale Fehleinschätzung“[47], also jedenfalls objektiv evident unhaltbar und damit im Sprachgebrauch des § 263 StGB eine „falsche Tatsache“.

[45] Die gegenteilige Würdigung von *Rönnau*, o. S. 44 f., halte ich deshalb nicht für überzeugend. Es geht auch nicht um eine weitere Normativierung des Täuschungsbegriffs, sondern um eine angemessene Interpretation des Tatsachenbegriffs für ökonomische Sachverhalte und Sachverständigenurteile. Auch wenn man nach „brute facts“ forscht, über die konkludent getäuscht worden sein müsste, wird man mit großer Wahrscheinlichkeit schnell fündig werden, z. B. weil die mathematischen Formeln in Ermangelung von Erfahrungsdaten über subprime mortgages (dazu o. *Kasiske*. S. 25 f.) keine empirische Basis gehabt haben dürften.

[46] Die CDOs hatten regelmäßig eine Laufzeit von mindestens 5 Jahren, s. o. *Kasiske*, S. 20.

[47] *Lutter*, ZIP 2009, 197, 198.

2. Auf weitere Überlegungen zur Erfüllung des Betrugstatbestandes soll im vorliegenden Rahmen verzichtet werden, weil die rechtliche Aufarbeitung der Finanzkrise durch die deutsche Strafrechtspflege ihr „Epizentrum" nicht im Betrugs-, sondern im Untreuetatbestand findet. Zwar haben auch deutsche Banken mit MBS-Papieren gehandelt, so wenn etwa die IKB einerseits selbst Verbriefungen strukturierter Wertpapiere vorgenommen, andererseits noch im Frühjahr 2007 von der Deutschen Bank einen größeren Posten an MBS gekauft hat[48]. Aber weil man bei den deutschen Banken grundsätzlich von dem gleichen Wissen bzw. den gleichen Wissenslücken bezüglich der mit amerikanischen Subprime Mortgages unterlegten Wertpapiere ausgehen kann, fehlt es insoweit von vornherein am Tatbestandsmerkmal der Täuschung, das ein überlegenes Wissen des Täuschenden gegenüber dem Getäuschten voraussetzt. Allenfalls kommt eine Anstiftung zur Untreue des Organs der erwerbenden Bank seitens des Organs der veräußernden Bank in Betracht, was aber komplizierte Fragen der notwendigen Teilnahme aufwirft[49] und im vorliegenden Rahmen ebenfalls nicht weiter untersucht werden kann.

V. Strafrechtliche Bewältigung mit Hilfe des deutschen Untreuetatbestandes?

1. Den zentralen Gegenstand der strafrechtlichen Prüfung bildet deshalb die Schädigung der die MBS-Papiere erwerbenden Banken als der „Geschäftsherren" durch ihre zur Vermögensfürsorge verpflichteten Vertreter. Während weder das Common Law noch die in der Tradition des französischen Rechts stehenden Strafrechtsordnungen der romanischen Länder das hierin liegende Unrecht durch einen allgemeinen und zugleich präzisen Straftatbestand zu vertypen vermocht haben, findet es sich im deutschen Strafgesetzbuch als Straftatbestand der Untreue bereits seit 1871, in einer erweiterten Fassung seit 1933[50]. Der große deutsche Strafrechtsdogmatiker *Binding* hat die unverzichtbare Aufgabe dieses Tatbestandes schon vor über 100 Jahren in folgende klassischen Worte gekleidet: „In einer großen Anzahl von Fällen ist, wer auf Unredlichkeit denkt, in der glücklichen Lage, von Rechts wegen über fremdes Vermögen verfügen zu können. Dieses Vermögen findet dann seinen Feind gerade in der Person, der es von Rechts wegen unterstellt ist, und gegen diese Perso-

48 *Lutter*, ZIP 2009, 197, 198.

49 Vgl. dazu LK/*Schünemann*, 11. Aufl., § 266 Rdn. 163 m.w.N.

50 Zur Geschichte LK/*Schünemann*, 11. Aufl., § 266 Entstehungsgeschichte, zur Rechtsvergleichung ibid. Rdn. 193 ff.; zum spanischen Straftatbestand der Organuntreue gem. Art. 295 des Código penal von 1995 Nachw. b. *Gómez-Jara Díez*, in: ders./Jakobs/Schünemann, La administracíon desleal de los órganos societarios, Barcelona 2008, S. 153 Fn. 3; *Sánchez-Vera Gómez-Trelles*, in: Libro homenaje a Bacigalupo, Madrid u. Barcelona 2004, Bd. II, S. 1207 ff.; *Mayo Calderón*, La tutela de un bien jurídico colectivo por el delito societario de administración fraudulenta, Granada 2005.

nen bedarf der Inhaber des Vermögens energischen Schutzes. Ihr spezifisches Mittel, fremdes Vermögen zu schädigen, ist der Missbrauch der Machtvollkommenheit, die ihnen vom Gesetz oder vom Vermögensinhaber in dessen Interesse eingeräumt worden ist."[51]. Dass dieser notwendige Schutz allein vom Strafrecht geleistet werden kann und dass hier also das Strafrecht nicht nur die ultima ratio, sondern sogar die sola ratio ist, ergibt sich daraus, dass alle sonst üblichen faktischen und zivilrechtlichen Schutzvorkehrungen gegenüber derjenigen Person versagen, der der jederzeitige Zugriff auf das Vermögen eines anderen von Rechts wegen eröffnet ist. Das Zivilrecht wird hier geradezu zum Vehikel der Tatbegehung, so dass die zumeist strafbarkeitseinschränkend wirkende viktimodogmatische Analyse[52] hier genau umgekehrt die Legitimität und Unverzichtbarkeit des strafrechtlichen Schutzes des Vermögensinhabers gegen eine von innen heraus, das heißt von einer in seinem Lager stehenden Person bewerkstelligten Schädigung beweist.

2. a) Freilich darf nicht unterschlagen werden, dass dieses positive Urteil über § 266 StGB in Widerspruch zu einer im Schrifttum einflussreichen, sowohl verfassungsrechtlich als auch kriminalpolitisch motivierten Gesetzesschelte steht. Um für diese in der Strafrechtsdogmatik inzwischen landläufige herbe Kritik am Untreuetatbestand nur eine knappe Blütenlese zu bieten: Dieser bildet in den Augen *P.-A. Albrechts* eine „Ruine des Rechtsstaats"[53] bzw. laut *Perron* ein „breites Bett ... und eine Gans, die für Wissenschaft und Strafverteidiger goldene Eier beschert"[54], wegen seiner „Anwendungshypertrophie"[55] und „völligen Konturenlosigkeit"[56] „passt er immer"[57]. In dem Sammelband über „Die Handlungsfreiheit des Unternehmers"[58] führt *Lüderssen* ihn als „Beispiel für die Ausreizung generalklauselartiger Straftatbestände" an (S. 22), *Volk* hält die Meinung, dass der Finanzminister seit der Pleite großer Banken nicht wie der Strafrichter bei der Pleite kleiner Unternehmen mit den Schultern zuckt, sondern die Geldbörse zückt, für eine „Stammtischparole" (S. 8), und *Hamm* erklärt es für „rechtspolitisch angebracht", Überlegungen zu einer gesetzlichen Einschränkung des § 266 StGB durch „Beschränkung auf eine schwerwiegende Entfernung von geltenden Rechtsnormen" anzustellen, weil dadurch die

[51] Lehrbuch des Besonderen Teils I , 2. Aufl. 1902, S. 397; der Text ist von mir zur Verdeutlichung geringfügig verändert worden.

[52] Zur einschlägigen Debatte speziell für Vermögensdelikte zuletzt *Schünemann,* in: ders. (Hrsg.), Strafrechtssystem und Betrug, 202, S. 51 ff.; allg. LK/*Schünemann,* 12. Aufl., § 203 Rdn. 16.

[53] Hamm-FS, 2008, S. 1, 7.

[54] GA 2009, 219, 220.

[55] *Beulke*, Eisenberg-FS, 2009, S. 245, 266; *Bernsmann*, GA 2009, 296.

[56] MüKo/*Dierlamm*, § 266 Rn. 6.

[57] *Ransiek*, ZStW 116 (2004), 634

[58] AaO. Fn. 40.

Rechtssicherheit in der Wirtschaft ebenso gestärkt wäre wie die Leistungsfähigkeit der Strafjustiz (S. 52).

b) Aber das ist weit überzogen und gegenüber dem heutigen Hauptanwendungsfeld des § 266 StGB vollends deplaziert. Denn die früheren „Fronten" in der Auseinandersetzung um den Untreuetatbestand, die sich etwa daran entzündete, dass § 266 StGB seinem Wortlaut nach auch die Handlungen von Botenjungen oder Kellnern kriminalisieren und damit buchstäblich mit Kanonen auf Spatzen schießen würde[59], spielen heute kaum noch eine Rolle, weshalb es unzutreffend, wenn nicht gar unseriös ist, wenn man sich in der neueren Kritik für die gemeinhin geltend gemachte Unbestimmtheit des Untreuetatbestandes auf ältere Stellungnahmen beruft.[60] In der Judikatur des letzten Jahrzehnts geht es vielmehr fast ausschließlich um Fälle der *Organuntreue* i. w. S., also um das Handeln von Organen im zivilrechtlich strikten Sinne und von leitenden Angestellten, bei denen noch niemals zweifelhaft war, dass sie sich im Zentrum der für die Täterqualifikation des § 266 StGB ausschlaggebenden „Geschäftsbesorgung kraft Herrschaftsposition über fremdes Vermögen" befinden[61]. Zugleich hat sich damit das Gewicht vollständig auf das Moment der Rechtsgutsverletzung, in den Worten des Gesetzes auf die vorsätzliche Herbeiführung eines „Vermögensnachteils" verlagert, so dass dessen Interpretation zum entscheidenden Prüfstein des Untreuetatbestandes geworden ist. Nachdem sich dieses Merkmal nun aber auch im Betrugstatbestand findet und dort noch niemals zum Anlass dafür genommen worden ist, dessen verfassungswidrige Generalklauselhaftigkeit zu behaupten, stellt die verbreitete Fundamentalkritik am Untreuetatbestand einen publizistischen Koloss auf dogmatisch tönernen Füßen dar. Die Suche nach „Alternativen zum Strafrecht"[62] setzt deshalb beim Untreuetatbestand am untauglichen Objekt an und läuft hier auf das verfehlte Bestreben hinaus, das geschichtlich überkommene, zur Bekämpfung der Abenteurer[63] und Elenden[64] entstandene Unterschichtsstrafrecht zu konservieren und die in einem Rechtsstaat unentbehrliche Ent-

59 Vgl. zur älteren Kasuistik, die vor allem die Täterqualifikation betraf, die Nachw. bei LK/*Schünemann*, § 266 Rn. 103-130.

60 Typischerweise jene *Hellmuth Mayers*: „Sofern nicht einer der klassischen alten Fälle der Untreue vorliegt, weiß kein Gericht und keine Anklagebehörde, ob § 266 vorliegt oder nicht" (Materialien zur Strafrechtsreform, 1. Band 1954, S. 337).

61 Unter Ausschluss von bloßen sachgebundenen Verrichtungen und Austauschverhältnissen, s. LK/*Schünemann*, § 266 Rn. 58.

62 Dazu bereits *Schünemann*, Armin Kaufmann-GS, 1989, S. 629 ff.; im Sammelband „Die Handlungsfreiheit des Unternehmers" (Fn. 40) der 3. Block S. 127 ff.

63 Heutzutage greifbar in der maßlosen Überkriminalisierung des Suchtmittelsektors außerhalb der zugelassenen Volksdrogen Alkohol und Nikotin.

64 Hierzu trotz seiner Umständlichkeiten immer noch lesenswert der Artikel von *Karl Marx* „Die Debatten über das Holzdiebstahlsgesetz", in: Marx, Frühe Schriften I, 1962, S. 208 ff., und dazu *Arnold*, Eser-FS, 2005, S. 25.

wicklung eines Oberschichtsstrafrechts zwecks Gleichbehandlung aller Bürger nach dem Maße der Sozialschädlichkeit ihres Tuns rückgängig zu machen.

3. Angesichts der Vorherrschaft von als juristische Person organisierten Großunternehmen (einschließlich des Bankensektors) in der Volkswirtschaft der entwickelten Industriegesellschaften bildet die Trennung von Eigentumszuständigkeit und Verwaltungsmacht die Standardorganisation unserer Ökonomie, so dass es bei der Organuntreue um einen Kernbereich des durch Art. 14 GG garantierten Schutzes des Eigentums an Produktionsmitteln gegenüber der Verwaltungsmacht oder, noch allgemeiner formuliert, um die Abgrenzung von ökonomischer Macht und Recht und damit um eine zentrale Frage des Rechtsstaats geht. Und dass diese Grenzen vom Strafrecht gezogen werden müssen, ist in dem Sammelband des „Institute for Law and Finance" (Fn. 40) schon in der abgedruckten Eröffnungsansprache von *Volk* mit den Worten eingeräumt worden, dass in unserer Gesellschaft jedes Problem die Tendenz habe, erst zum Rechtsproblem und dann zum Strafrechtsproblem zu werden (S. 7). Wenn *Volk* gleichwohl meint, dass „das Bestrafungsbedürfnis der Gesellschaft irrational" sei, und dies damit zu untermauern glaubt, dass der Durchschnittsbürger auf einen geringen Vorteil für sich verzichte, wenn er diesen nur unter Zuweisung eines illegitimen größeren Vorteils an einen anderen erlangen könne, woraus man lernen könne, dass das auf den eigenen Vorteil keine Rücksicht nehmende Interesse an der Bestrafung eines anderen als archaisches Grundmuster die Oberhand behalte (S. 8), so wird m. E. dadurch im Gegenteil gerade bewiesen, dass selbst der Durchschnittsbürger „Fairness als Wert weit höher anzusetzen" (so *Volk* selbst) gesonnen ist als den eigenen Vorteil und dass dem Strafrecht deshalb die durchaus rationale Aufgabe (die *Volk* mit egoistischer Nutzenmaximierung verwechselt) zukommt, die Gesellschaft über den Fundamentalwert der Gerechtigkeit zu integrieren. Dass in der heutigen pluralistischen, fragmentierten und moralisch bis zur Wirkungslosigkeit diversifizierten Gesellschaft andere Systeme dies nicht leisten können, ist angesichts der Erfahrungen der letzten Jahre so evident, dass es schwerlich einleuchtet, auf der einen Seite die Auffassung zu vertreten, „unter den Bedingungen einer in verschiedene selbstreferentielle Systeme ausdifferenzierten Wirtschaft könne das staatliche Strafrecht nicht durchgesetzt werden"[65], und auf der anderen Seite zu glauben, mit weitaus nachgiebigeren Reglementierungssystemen mehr Normbefolgung erreichen zu können[66]. Ein geradezu schlagendes Beispiel liefert hier die

[65] So die zustimmende Zusammenfassung von *Lüderssen* (Fn. 40), S. 23, 287 f., des umfassenden Versuchs von *Theile*, Wirtschaftskriminalität und Strafverfahren, 2009, das klassische Konzept von Strafrecht und Strafverfahren durch eine Kombination der dem Boden der Systemtheorie entsprossenen Idee eines „reflexiven Rechts" mit der *Habermasschen* Diskurstheorie zu ersetzen.

[66] Natürlich kann im vorliegenden Rahmen keine elaborierte Auseinandersetzung mit der (auf der Idee „autopoietischer", selbstreferentieller Systeme fußenden und in diesem Sinn radikalen) Systemtheorie und der Idee („Theorie" wäre mangels näherer Ausarbei-

Idee der Compliance-Systeme, die in großem Umfange nur als Fassade aufgebaut wurden und paradoxerweise erst dadurch in einer sogar weit übersteigerten Form wirken, dass man an sie strafrechtliche Folgerungen knüpft[67]. Schließlich kann auch *Hassemers* in dem zitierten Sammelband (Fn. 40, S. 29, 37) erhobene Forderung, das Wirtschaftsstrafrecht müsse sich auf Rechtsgüterverletzungen beschränken, gegen den Untreuetatbestand überhaupt nicht ins Feld geführt werden, im Gegenteil: Es handelt sich bei § 266 um ein klares Rechtsgutsverletzungsdelikt mit der Schädigung fremden Vermögens als Erfolgsmoment, das in zahllosen Straftatbeständen vorkommt und dessen Legitimität sonst noch niemals in Zweifel gezogen worden ist[68].

VI. Zur Täterqualifikation

Der Untreuetatbestand begnügt sich nicht mit der (in einer Wettbewerbswirtschaft für sich allein nicht strafwürdigen) Herbeiführung einer Vermögensschädigung, sondern erfasst als Sonderdelikt nur denjenigen als Täter, der eine Garantenstellung für das fremde Vermögen innehat, die sich aus seiner Herrschaft über das ihm anvertraute Vermögen ergibt. Sie wird in § 266 StGB alternativ durch die Existenz einer Verfügungs- oder Verpflichtungsmacht über das fremde Vermögen oder durch eine Fürsorgepflicht definiert. Dabei versteht es sich, dass dieser Pflicht eine Obhutsherrschaft zugrunde liegen muss, die bei Organen juristischer Personen oder bei leitenden Angestellten mit Entscheidungsmacht, um die es in der Finanzkrise ausschließlich geht, eo ipso gegeben ist. Soweit in den dazu bisher vorliegenden Publikationen die früher bezüglich der Täterqualifikation bei der Untreue bestehenden Unsicherheiten herausgestellt werden, spielt das also in Wahrheit für die Bankenkrise nicht die geringste Rolle[69]. Auf die Garantenstellung von Aufsichtsräten, die im übrigen in

tung deplaziert) des reflexiven Rechts erfolgen. Ich halte heute (nachdem ich früher gelegentlich mit ihr sympathisiert habe) ihre ontologischen, von *Luhmann* durch die Kategorien des binären Codes, der (lediglich) strukturellen Koppelung und der (bloßen) Irritation durch die Umwelt ingeniös erfundenen Prämissen für empirisch unzutreffend und die Hoffnung einer besseren Wirksamkeit des reflexiven Rechts als des (im System des Wirtschaftsunternehmens in Wahrheit durchaus adäquat verstehbaren!) Strafrechts für utopisch. Exemplarisch habe ich das in meiner Kritik des bisher am intensivsten elaborierten Versuchs von *Gómez-Jara*, die Strafrechtsschuld einer juristischen Person systemtheoretisch zu begründen, näher dargelegt, s. *Schünemann*, Tiedemann-FS, 2008, S. 429 ff.

67 Zutreffend erkannt bei *Lüderssen* (Fn. 40), S. 290 f.; zu den Konsequenzen für eine Garantenhaftung neuestens BGHSt 54, 44, 49 f.

68 Verkannt von *Schiller* (Fn. 40), S. 170, 179.

69 Insoweit zutr. *Brüning/Samson*, ZIP 2009, 1089.

Rechtsprechung und Schrifttum weitgehend geklärt ist[70], kommt es schon deshalb gar nicht mehr an, weil die Geschäfte wegen ihres riesigen Volumens regelmäßig auch in den Aufsichtsgremien abgesegnet werden mussten, also aktives Handeln in Gestalt der Zustimmung vorlag.

VII. Zum Tatbestandsmerkmal der Pflichtwidrigkeit

1. Bei den Landesbanken folgt die Pflichtwidrigkeit bereits daraus, dass sie vermöge ihrer öffentlich-rechtlichen Rechtsnatur unabhängig davon, dass sie nach außen vollständig rechtsfähig sind und Bankgeschäfte jeder Art tätigen dürfen, doch im Innenverhältnis auf die Verfolgung öffentlicher Zwecke festgelegt sind[71] – vermöge des in Deutschland verfassungsrechtlichen Grundsatzes, dass alles unmittelbare oder mittelbare Handeln des Staates einem öffentlichen Zweck dienen muss. Zwar kommt bei der Festlegung der öffentlichen Zwecke im Einzelnen dem Staat ein breites Einschätzungsermessen zu, aber es gibt doch eine klare Grenzlinie: Die reine Gewinnerzielungsabsicht, also das mit keinem öffentlichen Zweck verbundene reine Gewinnstreben, ist kein öffentlicher Zweck, weil der Staat sich durch Steuern und Abgaben zu finanzieren hat. Zwar dürfen und sollen Staatsbanken bei der Vergabe von Krediten etwa an die deutsche mittelständische Wirtschaft durchaus auch Erträge erzielen, weil dies wiederum die Voraussetzung für die Möglichkeit einer nachhaltigen Kreditvergabe ist. Durch den Kauf amerikanischer Wertpapiere, der allein bei drei deutschen Landesbanken ein Gesamtvolumen von fast 80 Milliarden Euro ausgemacht hat, wird aber auch nicht mittelbar ein öffentlicher Zweck verfolgt. Weil dies aus dem zwingenden öffentlichen Recht folgt, konnten die entsprechenden Geschäfte der Landesbanken auch nicht durch die Zustimmung der im Kreditausschuss vertretenen Anteilseigner (in der Regel das betreffende Bundesland und der Verband der Sparkassen) erlaubt werden. Der nicht in der Rechtsprechung, wohl aber im Schrifttum geforderte Schutzzweckzusammenhang zwischen der Pflichtwidrigkeit und einem dadurch verursachten Schaden[72] ist ebenfalls gegeben, denn die Beschränkung öffentlicher Rechtsträger auf die Verfolgung eines öffentlichen Zwecks soll gerade auch den Staat und die öffentliche Hand vor ökonomischen Experimenten schützen, wie sie die in riesigstem Umfange betriebene Investition in

[70] Vgl. nur BGHSt 47, 187, 200; 50, 331, 335; LK/*Schünemann,* § 266 Rdn. 60.

[71] Hierzu wie zum Folgenden näher *Lutter*, BB 2009, 786 ff.

[72] *Schünemann*, Organuntreue, 2004, S. 64 f.; *ders.*, NStZ 2008, 430, 434; *Schlösser/Dörfler,* wistra 2007, 326 ff.; *Seier,* in: Achenbach/Ransiek (Hrsg.), Handbuch Wirtschaftsstrafrecht, 2. Aufl. 2008, S. 413; krit. *Saliger,* in: Satzger/Schmitt/ Widmaier (Hrsg.), StGB, 2009, § 266 Rdn. 82 f.; bloße Kausalitätserwägungen bei NK/ *Kindhäuser,* 3. Aufl., § 266 Rdn. 99 unter Berufung auf BGHSt 46, 34; BGH wistra 2007, 422.

das intensive Schneeballsystem der MBS-Papiere geradezu paradigmatisch darstellten[73]. Entsprechend verhielt es sich mit der (privatrechtlichen) Satzung der IKB.[74]

2. a) Sowohl bei den öffentlich-rechtlichen Banken als auch bei Privatbanken gilt selbstverständlich für alle Vorstandsmitglieder und sonstigen Manager die Sorgfaltspflicht, bei Investitionen in ausländische Wertpapiere deren Risikostruktur gewissenhaft zu prüfen. Naturgemäß muss der Bankier als erstes überhaupt die Haftungsverhältnisse des Wertpapiers kennen, ferner die dem Inhaber verliehene Rechtsstellung und die Marktverhältnisse. Vorliegend ging es um hypothekarisch gesicherte Kredite gegenüber einer großen Zahl unbekannter Schuldner, während die Papiere selbst in einem nicht institutionalisierten und damit äußerst labilen Markt gehandelt wurden, der in Wahrheit nach den Grundsätzen eines intensiven Schneeballsystems funktionierte. Weil die Banken diese Investitionen vermittels der von ihnen eingeschalteten conduits, die vermögenslos waren und nur kraft einer Bürgschaft ihrer deutschen Patronatsherrin existieren konnten, in einem Umfang von einem Drittel ihrer gesamten Bilanzsumme (so die IKB) oder in Höhe des dreifachen Landeshaushalts (so die Sächsische Landesbank) tätigten und diese nicht etwa aus eigenen Mitteln finanzierten, sondern hierfür kurzfristige Kredite aufnehmen bzw. verbürgen mussten, so dass ein Kollaps des MBS-Investmentmodells eo ipso zur Insolvenz der Bank führen musste, waren die Prüfungsanforderungen wie bei jeder *hochriskanten und existenzgefährdenden Tätigkeit* auf ein Maximum gesteigert. Weil wiederum jegliche ernsthafte Prüfung des Modells seinen Charakter als intensives Schneeballsystem evident gemacht hätte (dessen Kollaps notwendig auch die Seniortranche in Mitleidenschaft ziehen und deren Refinanzierbarkeit zerstören musste), ist die Schlussfolgerung zwingend, dass die Teilnahme an diesem Markt in den von den genannten Banken praktizierten Dimensionen und Formen eklatant pflichtwidrig war – falls es nicht genügte, sich auf die erstklassigen Ratings der amerikanischen Ratingagenturen zu verlassen und danach quasi „blind" zu investieren:

aa) Das Argument, man hätte sich auf die selbst (vermutlich weithin vorsätzlich, zumindest aber) frevelhaft fahrlässig falschen Ratings der Ratingagenturen verlassen, könnte nicht nur den subjektiven Tatbestand, sondern auch die objektive Pflichtwidrigkeit entfallen lassen. Zwar kann nach allgemeinen strafrechtlichen Zurechnungsregeln niemand seine Verantwortung für sein eigenes Verhalten restlos auf andere delegieren, weil ihm zumindest eine Pflicht zur sorgfältigen Auswahl und Überwachung seiner Berater verbleibt[75] – die eigentlich verletzt wird, wenn er sich

[73] Näher *Lutter*, BB 2009, 789 m. w. N.

[74] Dazu näher Beschl. des OLG Düsseldorf v. 9.12.2009, Az. I-6 W 45/09, Tz. 34 ff.

[75] Es geht also wohlgemerkt nicht um die Delegation von Verrichtungen im eigenen Herrschaftsbereich und die dabei bestehende Pflicht zur sorgfältigen Auswahl und Instruierung sowie die danach zurückbleibende Überwachungsgarantenstellung (dazu näher

blind auf Einschätzungen verlässt, deren Solidititát er ebenso wenig geprüft hat wie die Frage, ob die Ratingagenturen infolge ihrer finanziellen Verflechtung mit den emittierenden Gesellschaften nicht von vornherein kein Vertrauen verdienten, zumal die maßlose Übertreibung durch das Triple A-Rating die Unseriosität geradezu auf der Stirne trug. Aber genau diesen (abschüssigen) Weg scheint der Gesetz- und Verordnungsgeber im Gesetz über das Kreditwesen[76] i. V. m. der Solvabilitätsverordnung[77] vorgezeichnet zu haben, indem darin zur Ermittlung des notwendigen Eigenkapitals für sog. KSA-Positionen auf die Bonitätsbeurteilungen anerkannter Ratingagenturen verwiesen und ein entsprechendes Anerkennungsverfahren geregelt worden ist (§§ 33, 44, 46, 52 ff. SolvV). Daraus ließe sich möglicherweise ableiten, dass schon die bloße Orientierung an derartigen Ratings in Verbindung mit ordnungsgemäßen Meldungen an die Deutsche Bundesbank gem. § 6 SolvV bzw. Anzeigen an die Bundesanstalt für Finanzaufsicht (BaFin) und Bundesbank gem. § 7 SolvV die Pflichtwidrigkeit entfallen lasse. Im vorliegenden Zusammenhang kann diese (schwierige) Frage aber offen gelassen werden, weil die Verantwortlichen der deutschen Banken sich bei den MBS-Investments der Kontrolle seitens Bundesbank und BaFin dadurch entzogen haben, dass sie die Investitionen über ausländische Zweckgesellschaften vornehmen ließen und die dafür erforderlichen Bürgschaften auf ein oder unter ein Jahr beschränkten, weil nach § 8 der bis 2007 geltenden sog. Basel I-Grundsätze über die Eigenmittelausstattung Kreditzusagen mit einer Laufzeit von weniger als einem Jahr nicht auf das Eigenkapital anzurechnen waren[78]. Dass die Bürgschaften entsprechend der anfänglichen Planung jeweils für ein weiteres Jahr verlängert und deshalb durch diese Konstruktion die Meldepflichten nach dem KWG (seit 2007 i. V. m. der SolvV) gezielt umgangen wurden, schafft m. E. entgegen *Rönnau*[79] jedenfalls für den Bereich des § 266 StGB keine Probleme bei der strafrechtlichen Erfassung, sondern löst sie: Wenn ein staatlich geregeltes Kontrollverfahren gezielt ausmanövriert wird, kann die Pflichtwidrigkeit natürlich nicht mit dem Argument verneint werden, im rein hypothetischen Fall der beanstandungsfreien (!) Beschreitung dieses Verfahrens hätte es einen Gutglaubensschutz gegeben.

bb) Unabhängig davon könnte selbst ein berechtigtes Vertrauen auf die Richtigkeit der Ratings nicht die selbständige Pflichtwidrigkeit heilen, die sich aus der fehlenden Berücksichtigung des sog. *Klumpenrisikos* ergibt. Nach den §§ 13 ff. KWG ergeben sich unter dem Gesichtspunkt der „Risikoeinheit" gem. § 19 Abs. 2 KWG bzw. der rechtlichen oder tatsächlichen „Schuldnergesamtheit" nach § 4 SolvV

Schünemann, in: Umweltschutz und technische Sicherheit im Unternehmen, 1994, S. 137, 149 ff.), sondern um die Verantwortung des eigenen Handelns in Gestalt der eigenen Entscheidung, bei der man sich a fortiori nicht blind auf andere verlassen darf.

76 Neufassung v. 9.9.1998, BGBl I 2776.

77 Verordnung über die angemessene Eigenmittelausstattung von Instituten, Institutsgruppen und Finanzholding-Gruppen (SolvV) v. 14.12.2006, BGBl I 2926.

78 S. o. *Rönnau*, S. 61.

79 O. S. 62.

besondere Meldepflichten und Limitierungen für die Vergabe von Großkrediten und Mindestgarantie der Eigenkapitalquote. Wegen des Charakters der subprime mortgage backed securities als intensives Schneeballsystem lässt sich durchaus im Sinne von § 4 Abs. 8 SolvV davon sprechen, „dass die Zahlungsschwierigkeiten einer der Personen zu Schwierigkeiten bei den anderen führen würden“, weshalb gleichartige Investitionen auf diesem Sektor keinesfalls in dem riesigen existenzgefährdenden Umfang vorgenommen werden durften.[80] Im Rahmen einer Prüfung der materiellen Vermögensfürsorgepflichten eines Bankiers kann jedenfalls kein Zweifel daran bestehen, dass er den materiellen Gehalt dieser Einschränkungen auch bei Umgehungskonstruktionen zu beachten hat. Umgekehrt wird man sogar die zum Zweck der Gesetzesumgehung und der Vermeidung staatlicher Kontrolle[81] erfolgte Wahl einer derartigen Konstruktion als ein gesteigert pflichtwidriges Verhalten zu qualifizieren haben[82].

cc) An diesem Ergebnis wird auch durch die Beschwörung der „business judgment rule“ nichts geändert, geschweige denn durch einen Reanimationsversuche hinsichtlich der vom BGH missverständlich in die Welt ge-, aber wieder beigesetzten Forderung einer „gravierenden Pflichtverletzung“. Die 2005 als § 93 Abs. 1 S. 2 ins Aktiengesetz eingefügte[83] „business judgment rule“, wonach der Vorstand einer AG seine Pflichten bei einer unternehmerischen Entscheidung nicht verletzt, wenn er „vernünftigerweise annehmen durfte, auf der Grundlage angemessener Information zum Wohle der Gesellschaft zu handeln“, galt inhaltlich schon vorher[84] und besitzt für den Straftatbestand der Untreue, was nicht nur von *Brüning/Samson*[85] verkannt wird, im Ergebnis schon deshalb keinerlei Bedeutung, weil sie einen (im Strafrecht ohnehin seit langem bekannten) Maßstab objektiver Fahrlässigkeit beschreibt, während § 266 StGB erst bei Vorsatz eingreift. Wegen der außerhalb jedes unternehmerischen Ermessensspielraums liegenden Bestandsgefährdung[86] durch den in einem unvertretbaren Umfang getätigten Erwerb der MBS kommt es auf fehlendes oder

80 Ebenso *Lutter*, ZIP 2009, 199.

81 Die bei spanischen Banken eine Verhinderung des Debakels bewirkte, s. *Lutter*, ZIP 2009, 199 Fn. 7.

82 Auch dass zwecks Vermeidung einer sonst notwendigen Bilanzkonsolidierung mitsamt den sich nach Basel II ergebenden Folgen für die Eigenkapitalquote ein Konzernverhältnis mit den ausländischen conduits gezielt vermieden wurde, mag im Bankenrecht als erfolgreiche Normenumgehung gelten, ist aber für die materielle Betrachtung des § 266 StGB wirkungslos und sogar ein Indiz für einen Pflichtverletzungsvorsatz.

83 Durch das Gesetz zur Unternehmensintegrität und Modernisierung des Anfechtungsrechts (UMAG) v. 22.9.2005, BGBl I 2802.

84 *Hüffer*, AktG, 8. Aufl. 2008, § 93 Rdn. 4b.

85 ZIP 2009, 1089, 1092.

86 Im Kern auch von *Brüning/Samson*, ZIS 2009, 1092 (an)erkannt.

miserables Risikomanagement[87] ebenfalls nicht mehr an. Und die Formel einer „gravierenden Pflichtverletzung“[88] ist vom 1. Strafsenat des BGH im Fall des SSV Reutlingen[89] zur Umschreibung des unternehmerischen Ermessensspielraums und eines objektiven Zurechnungszusammenhanges benutzt[90], in der Mannesmann-Entscheidung des 3. Strafsenats aber als etwaige Idee einer zusätzlichen Höhenmarke mit Recht ausdrücklich verworfen worden.[91] Man kann sie auch nicht etwa mit *Saliger*[92] als „nicht starr indizienbasierte strafrechtsautonome Schweretheorie“ in einer den Tatbestand des § 266 StGB noch über die SSV Reutlingen-Entscheidung hinaus einengenden Weise rechtfertigen, indem man eine „evident unvertretbare und/oder willkürliche“ Entscheidung verlangt, denn ein derartiges Managerprivileg findet im Wortlaut des Gesetzes nicht die mindeste Stütze und ist neben der vom Tatbestand bereits geforderten vorsätzlichen Schädigung des Geschäftsherrn entweder überflüssig oder (als Forderung einer abermaligen Strafbarkeitseinschränkung) inakzeptabel. Aber selbst wenn man die Überschreitung einer qualifizierten Höhenmarke fordern wollte, wäre diese angesichts des gigantischen, ohne Rettung durch den Staat zum Untergang des Geschäftsherrn führenden Umfanges der Geschäfte und der planmäßigen Ausschaltung der staatlichen Bankenaufsicht durch die Einschaltung ausländischer Zweckgesellschaften ohne weiteres gegeben.

b) Als weiterer selbständiger Grund für die Begründung der Pflichtwidrigkeit kommt ein Rückschluss aus der Schadenszufügung in Betracht, denn selbstverständlich ist es jedem gegenüber seiner Bank treupflichtigen Manager verboten, die Bank durch den Abschluss nachteiliger Geschäfte zu schädigen[93]. Das verweist auf die Prüfung des Vermögensschadens, der ich mich nunmehr zuwenden möchte.

87 Erwähnt bei *Brüning/Samson*, ZIS 2009, 1093 und irrig als strafrechtspräjudiziell angesehen bei *Schiller* (Fn. 40), S. 175 ff.

88 *Brüning/Samson*, ZIS 2009, 1093 f.; ähnlich *Lüderssen*, StV 2009, 486, 487, der von einem „eingebürgerten Terminus“ spricht.

89 BGHSt 47, 187 ff.

90 Näher *Schünemann*, NStZ 2005, 473, 475 f.

91 BGHSt 50, 331, 332 LS 2 und dazu näher *Schünemann*, NStZ 2006, 196, 197 ff.

92 AaO. (Fn. 72) Rdn. 42.

93 LK/*Schünemann*, § 266 Rdn. 94; ähnlich *Bosch/Lange*, JZ 2009, 225 ff.; BGHSt 50, 331, 336. Die Kritik von *Saliger* (Fn. 72), § 266 Rdn. 43, führt durch den Verweis auf die „allgemeinen Sorgfaltsmaßstäbe“ zu demselben Ergebnis.

VIII. Zum Tatbestandsmerkmal des Vermögensschadens insbesondere

1. Nach dem in Deutschland in verschiedenen Spielarten herrschenden juristisch-ökonomischen Vermögensbegriff zählen zum Vermögen alle geldwerten und den Schutz der Rechtsordnung genießenden Güter einer Person; und ein Schaden ist nach der Methode der Gesamtsaldierung dann gegeben, wenn das Vermögen des Geschäftsherrn nach der vom Täter vorgenommenen Vermögensverfügung insgesamt weniger wert ist als vorher[94]. Im Fall der US-amerikanischen CDO-Papiere auf der Basis von Subprime Mortgages könnte man zunächst daran denken, die Bewertung nach den Regeln des *Risikogeschäfts* vorzunehmen, bei dem der Wert der Gewinnchance zu qualifizieren und gegen das Verlustrisiko abzuwägen ist[95]. In Wirklichkeit hat es sich aber nicht um den sozusagen normalen Typus des Risikogeschäfts (das auch gut gehen kann), sondern um die Beteiligung an einem *intensiven Schneeballsystem* gehandelt, das irgendwann notwendig zum Zusammenbruch führen muss. Denn wie o. unter II. näher dargelegt, mussten die Immobilien durch die ständige Ausweitung der betreffenden Wertpapiere und die Ausnutzung der hierdurch selbst erzeugten Hausse auf dem amerikanischen Immobilienmarkt für immer größere Darlehen als Sicherheit dienen, was bei gleichzeitiger permanenter Verschlechterung der Bonität der Darlehensnehmer am Ende der Hausse zwangsläufig kollabieren musste.

Die Beteiligung an einem solchen Schneeballsystem kann dann eine gefährliche, aber geschäftlich vertretbare Spekulation sein, wenn von vornherein die Absicht besteht, sich nur kurzfristig mit einem das eigene Überleben nicht gefährdenden, begrenzten Betrag zu engagieren und auf einem funktionierenden Markt nach kurzer Zeit das spekulative Engagement wieder zu veräußern. Diese Alternative mag teilweise oder zeitweise von der Deutschen Bank realisiert worden sein, die noch im Frühjahr 2007 (als die Immobilienhausse in den USA längst vorbei war und der Kollaps des ABS-Marktes mit subprime mortgages bevorstand) gerade noch rechtzeitig einen größeren Posten an die IKB zu verkaufen vermochte, bei der kurz darauf der Zusammenbruch stattfand.

Angesichts der Volumina, in der die von mir angeführten anderen Banken die Papiere erwarben und auch länger hielten, war aber schon objektiv keine jederzeitige Veräußerungsmöglichkeit gegeben, von der offenbar fehlenden Absicht in diese Richtung ganz abgesehen[96]. Infolgedessen hätte aber eine ausreichende Kompensa-

[94] In dem vorliegend relevanten Kern unstr., s. nur MüKo/*Hefendehl,* § 263 Rdn. 298 ff., 442 ff.; *Schünemann,* StraFo 2010, 1, 3 f.

[95] Dazu MüKo/*Dierlamm*, § 266 Rdn. 200 ff.; NK/*Kindhäuser,* § 266 Rdn. 73 ff.; *Saliger* (Fn. 72), § 266 Rdn. 47 ff. (alle bereits zur Pflichtwidrigkeit).

[96] Wie es der Deutschen Bank gelingen konnte, die zu diesem Zeitpunkt bereits notorisch verrufenen Papiere an eine mittelbare Staatsbank weiter zu veräußern, wird durch die

tion für das in die Papiere investierte Kapital vorausgesetzt, dass die Forderungen selbst werthaltig (d. h. langfristig realisierbar) waren, dass sie nicht wegen des voraussehbaren Kollapses des intensiven Schneeballsystems ex ante entwertet waren und, weil ihr Erwerb selbst kreditfinanziert war, dass ein angemessenes Verhältnis zwischen den Kreditbedingungen der amerikanischen Immobilienbesitzer und den Refinanzierungsbedingungen der Bank existierte. Ob die erste Voraussetzung bei der Seniortranche erfüllt wäre, erscheint angesichts der Grundkonstruktion der subprime mortgages zweifelhaft, hängt aber von den Details des jeweiligen Investments ab und muss deshalb hier offen bleiben. Eine generelle Aussage lässt sich dagegen über die zweite und dritte Voraussetzung treffen, weil die Refinanzierung über kurzfristige Kredite erfolgte und damit auf der Stelle notleidend werden musste, sobald das intensive Schneeballsystem sein Ende gefunden hatte und der Markt für Subprime Mortgages weltweit zusammenbrach. Diese Konstruktion war auch nicht etwa zufällig und von Fall zu Fall wechselnd, sondern ergab sich zwangsläufig aus dem Geschäftsmodell selbst: Da der Zinssatz bei kurzfristiger Refinanzierung niedriger war als der Zins für die angekauften ABS-Wertpapiere, konnte allein dadurch ein vorläufiger Gewinn realisiert werden, der naturgemäß umso höher war, je größer der Umfang der getätigten Geschäfte war. Deshalb waren die Zweckgesellschaften mit Billigung der hinter ihnen stehenden Banken bestrebt, ihren kreditfinanzierten Wertpapierbestand möglichst aufzublähen, um die entsprechenden Gewinne aus der Zinsdifferenz zu steigern. Weil dieser riesige Wertpapierbestand jeweils alle drei Monate komplett neu refinanziert werden musste, mussten sich riesige Liquiditätslöcher ergeben, sobald sich keine Kreditgeber mehr fanden. Und das musste nicht nur die ohnehin nur mit minimalem Eigenkapital ausgestatten conduits zwangsläufig in den Ruin treiben, sondern auch die hinter ihnen stehenden Banken auf Grund der von ihnen für die Verbindlichkeiten der Zweckgesellschaften abgegebenen Garantieerklärungen. Eine Störung oder gar Unterbrechung des Refinanzierungskreislaufs musste deshalb zwangsläufig zu einer ruinösen Liquiditätskrise bei den hinter den Zweckgesellschaften stehenden Banken führen, so dass die Banken mit dem ganzen Geschäftsmodell zwangsläufig ein Risiko von existenzgefährdender Dimension eingingen, mit dessen Realisierung nach dem unweigerlich eintretenden Ende der Immobilienhausse ebenso unweigerlich gerechnet werden musste.

Durch ihre Investition in die auf Subprime Mortgages gegründeten ABS-Papiere, die nach ihrem inneren Wert wegen ihres Charakters als intensives Schneeballsystem und des damit verbundenen Klumpenrisikos auch in der Seniortranche keine ausreichende Kompensation für das investierte Kapital darstellten, erlitt das Vermögen der

Sonderprüfung der IKB zu klären sein, deren Blockadeversuch seitens des neuen Großaktionärs Lone Star, der nach der mit einem Aufwand von rd. 10 Milliarden € von der Bundesregierung bewirkten, raschen Sanierung der insolvenzreifen IKB die Anteile der KfW erworben hat, durch Beschluss des OLG Düsseldorf v. 9.12.2009 (o. Fn. 74) gestoppt worden ist.

betreffenden Banken deshalb definitiv eine Einbuße, ohne dass es auf die im einzelnen umstrittenen Regeln des Risikogeschäfts ankommt.

2. Allerdings könnte die darin liegende Vermögenseinbuße eine *Kompensation* erfahren haben, falls das betreffende Investment durch eine *Ausfallversicherung* abgedeckt gewesen war. Ob bzw. in welchem Umfange die ebenfalls in riesigem Ausmaß produzierten CDS-Papiere hierzu generell und in dem jeweils zu prüfenden Einzelfall geeignet waren oder evtl. – umgekehrt – in das Klumpenrisiko eingingen und deshalb nicht Teil der Lösung, sondern des Problems selbst waren, kann im vorliegenden Zusammenhang nicht abschließend beurteilt werden und bedarf zunächst einmal weiterer Aufklärung in tatsächlicher Hinsicht. Dass die in dem intensiven Schneeballsystem strukturell angelegte Minderwertigkeit der auf Subprime Mortgages gestützten ABS-Papiere dadurch geheilt werden könnte, erscheint freilich ausgeschlossen, weil ja die durch eine Versicherung entstehenden Kosten letztlich wieder nur von den Grundstückseigentümern aufzubringen gewesen wären (denn eine sonstige produktive Quelle für die Schaffung von Mehrwert ist nirgends ersichtlich), so dass es sich insgesamt eher um eine Verstärkung als um eine Kompensation des Schneeballeffekts handeln musste. Das braucht allerdings nicht für das einzelne konkrete Investment zu gelten, was wiederum auf der Ebene des subjektiven Tatbestandes zusätzlich ins Gewicht fallen könnte.

3. Daneben existiert eine *weitere Quelle für Vermögensschäden*, die in der bisherigen Diskussion so vollständig übersehen worden ist, dass an dieser Stelle nur ein erstes Schlaglicht darauf geworfen werden kann. Es ist notorisch, dass die durch die Zinsdifferenz für eine kurze Zeitspanne ermöglichten Buchgewinne zu einer Auszahlung riesiger *Boni* sowohl an die Vorstände der Banken als auch an die in den Investmentabteilungen tätigen Manager geführt haben[97], die – das sei ohne weiteres

[97] Ausweislich der jeweiligen Geschäftsberichte erhielten etwa die sechs Vorstandsmitglieder der HSH Nordbank für das Jahr 2006 eine erfolgsabhängige Vergütung in Höhe von 5 Mio. Euro. Die sieben Vorstände der WestLB bezogen Boni von 6 Mio. Euro. Der Chef des Investmentbankings der Deutschen Bank erhielt laut Presseberichten in den vergangenen Jahren regelmäßig Boni im hohen zweistelligen Millionenbereich, vgl. http://www.manager-magazin.de/unternehmen/artikel/0,2828,675953,00.html. Eine Studie von Wissenschaftlern der Universität Harvard untersuchte die Bonusvergütungen für das Top-Management der in der Finanzkrise kollabierten US-Banken Bear Stearns und Lehman Brothers. Danach erzielten die fünf bestbezahlten Manager dieser Banken von 2000 bis 2009 durch Boni und die Gewährung von Aktienoptionen Einkünfte in Höhe von 173 (Lehmann) bzw. 330 Mio. (Bear Stearns) Euro. Die Autoren kommen zu dem Ergebnis, dass diese Vergütungsstruktur erhebliche Anreize setzte, durch Eingehung hoher Risiken kurzfristige Gewinne zu erzielen und langfristige Unternehmensinteressen zu vernachlässigen, s. *Bebchuk/Cohen/Spamann*, The Wages of Failure, Working Paper 2009, abrufbar im Internet unter http://www.law.harvard.edu/faculty/bebchuk/. Die Studie wird demnächst im Yale Journal of Regulation erscheinen. Weitere Zahlen in "Der SPIEGEL" Nr. 8/2009, S. 61 ff.

unterstellt – den darüber geschlossenen Verträgen formal entsprachen. Bei materieller Betrachtung hätte für das investierte Kapital, dessen Verlust ja nach den bisherigen Überlegungen hochwahrscheinlich war, jeweils eine hohe Rückstellung gebildet werden müssen, die die bei einer reinen Zinsrechnung scheinbar anfallenden (Buch)Gewinne mehrfach übertreffen musste. Ob das Bilanzrecht so formal ist, dass eine Konsolidierung der Risiken der conduits bei den Banken kautelarjuristisch vermeidbar war und deshalb keine strafbaren Bilanzfälschungen vorlagen, wie im Beitrag von *Rönnau* ausgeführt worden ist[98], kann ich im vorliegenden Rahmen nicht untersuchen. Wenigstens der Untreuetatbestand ist nicht so leicht manipulierbar und kann deshalb erfüllt sein, wenn ohne ernsthafte Notwendigkeit Vergütungsverträge abgeschlossen und bedient werden, kraft derer auf Grund voreiliger Buchungen desaströser Geschäftsvorfälle den dafür Verantwortlichen, die womöglich Untreuehandlungen zum Nachteil ihrer Geschäftsherren begangen haben, zur „Belohnung" definitive „Boni" insgesamt in Milliardenhöhe auszuzahlen sind, ausgezahlt und belassen wurden.[99]

IX. Zum subjektiven Untreuetatbestand

Der subjektive Tatbestand der Untreue erfordert Vorsatz, wobei bedingter Vorsatz ausreicht. Hier wird das Argument relevant, es habe sich doch um ein Systemversagen gehandelt, denn die beteiligten Banker hätten sich vollständig auf die Einschätzungen der amerikanischen Ratingagenturen verlassen. Die Frage ist, ob darin ein gem. § 16 StGB vorsatzausschließender Tatbestandsirrtum über die Pflichtwidrigkeit oder über den Schaden gesehen werden könnte.

1. Bezüglich der *Pflichtwidrigkeit* wird das für die meisten Fallgestaltungen zu verneinen sein. Denn es handelt sich hierbei um ein sogenanntes gesamttatbewertendes Merkmal, bei dem für den Vorsatz die Kenntnis der relevanten Tatsachen ausreicht[100]. Diese Kenntnis, sei es in Form der Kenntnis von der eigenen Unkenntnis

98 S. o. S. 47 ff.

99 Denn wenn auch bei der vertraglichen Vergütungsregelung (ähnlich wie bei der Vereinbarung von Vorstandsgehältern, s. dazu nur BGHSt 50, 331, 337 m.w.N.) ein (pflichtmäßiges!) Ermessen hinsichtlich der Angemessenheit herrscht, ist es doch eindeutig rechtspflichtwidrig, für ungetreue, womöglich den Untergang der Gesellschaft verursachende Geschäfts mit buchtechnisch ausgewiesenen Zwischengewinnen enorme endgültige Gratifikationen zuzusagen.

100 LK/*Schünemann,* § 266 Rdn. 153; im Ergebnis ebenso NK/*Kindhäuser,* § 266 Rdn. 122. Entgegen *Saliger* (Fn. 72), § 266 Rdn. 105, und *Fischer* (Fn. 44), § 266 Rdn. 174, stehen auch die beiden wichtigsten einschlägigen Entscheidungen des BGH ungeachtet ihrer (z. T. gewollten) begrifflichen und dogmatischen Unklarheiten auf diesem Standpunkt.

über die Vertragsbedingungen und über die Bonität der Schuldner, sei es als Kenntnis von der Natur des Geschäftsmodells als intensives Schneeballsystem, vom Klumpenrisiko und von der Gefährdung der kurzfristigen Refinanzierung, und damit die Kenntnis von einer Investition von zigfachen Milliardenbeträgen entweder ins Blaue oder in den Abgrund hinein, hatten die Bankmanager aber gerade auch nach der im apologetischen Lager verbreiteten Version. Und dass sie die Geschäfte nicht ganz normal selbst tätigten und der Bankenaufsicht unterbreiteten, sondern über vermögenslose ausländische „Vehikel" mit künstlich gestaffelten Kettenbürgschaften daran vorbeimanövrierten, also das typische Gebaren internationaler Finanzkrimineller beobachteten, spricht ebenfalls nicht gerade für ein Vertrauen auf die Korrektheit der Geschäfte. Im Einzelfall kann es freilich auch anders gewesen sein, das bedarf wie immer der Aufklärung im Strafverfahren.

2. Daneben kommt eine *Verneinung des Schädigungsvorsatzes* in Betracht, etwa wenn ein Vorstandsmitglied oder ein Mitglied des Kreditausschusses nicht im Einzelnen wusste, für welchen Zweck die Milliardensummen investiert wurden, sondern sich ausschließlich auf die Existenz eines positiven Rating durch eine Ratingagentur verlassen und keinerlei weitere Informationen besessen hatte. Freilich musste die scheinbar simple Art der Gewinnerzielung ebenso wie die Undurchsichtigkeit der Rechtsverhältnisse Argwohn erregen, und es gab auch von Anfang an Medienberichte, die vor derartigen Engagements dringend warnten. Es bedarf deshalb einer genauen Untersuchung der individuellen Kenntnissituation, ob diese die Bejahung der *intellektuellen* Komponente des Vorsatzes (dem Fürmöglichhalten der Vermögensschädigung) ergibt. Für die daneben von Rspr. und h. L. allgemein und besonders dezidiert beim subjektiven Untreuetatbestand geforderte *voluntative* Komponente des Inkaufnehmens[101] spricht bei den Investmentbankern ein spezifischer Gesichtspunkt für deren Bejahung, nämlich ihre Motivation für die unter Umgehung der Bankenaufsicht in einer bei Ende der Immobilienhausse existenzvernichtenden Höhe eingegangenen Engagements durch die extrem hohen, infolge der Bilanzierung allein der kurzfristigen Zinsgewinne und nicht des Verlustrisikos bereits jährlich anfallenden Boni.

Denn in der Mannesmann-Entscheidung wollte der 3. Strafsenat die „Fehlvorstellungen" zwar „nicht durch schlichte Anwendung einfacher Formeln ohne Rückgriff auf wertende Kriterien und differenzierende Betrachtungen" einordnen (NStZ 2006, 214, 217 Tz. 22), erklärt dann aber ebenso deutlich wie zutreffend die Meinung des Vermögensverwalters, zu einer Maßnahme trotz Kenntnis ihres Schädigungseffekts befugt gewesen zu sein, für einen bloßen Verbotsirrtum (Tz. 23) – was nun aber keinem kadihaften unerforschlichen Ratschluss, sondern nur der Dogmatik der Rechtspflichtmerkmale entsprungen sein kann. Und der 2. Strafsenat hat im Kanther-Urteil den Vorsatz (notabene den Schädigungsvorsatz!) wegen Auslösung eines Sanktionierungsrisikos mit Recht auf die „tatsächlichen Voraussetzungen" der Rechenschaftspflicht nach dem Parteiengesetz bezogen (BGHSt 51, 100, 119 Tz. 58, freilich hier mit dem Pflichtwidrigkeitsvorsatz konfundierend) – was abermals exakt der Dogmatik der Rechtspflichtmerkmale entspricht.

101 Dazu *Fischer* (Fn. 44), § 266 Rn. 178 ff.

3. Ferner war auch das unvertretbare Risiko, das aus der Kombination von Umfang und Finanzierungsform der Geschäfte resultierte, für die mit Fachwissen ausgestatteten Beteiligten erkennbar, d. h. praktisch evident. Ob diese gleichwohl darauf vertrauten, dass sich das Rad der kurzfristigen Refinanzierungen immer weiter drehen würde, und nicht zumindest mit dem gegenteiligen *dolus eventualis* handelten, wird zu prüfen sein.

4. Es sprechen deshalb zahlreiche Gründe dafür, dass die mit der Entscheidung über die Anschaffung der letztlich wertlosen Papiere befassten Bankmanager einen zumindest bedingten Schädigungsvorsatz besaßen. Freilich kommt auch eine in Oberflächlichkeit oder Naivität begründete Gutgläubigkeit in Betracht, namentlich bei den in den Kreditausschüssen häufig nur als Galionsfiguren sitzenden Politikern. Eine für alle Fälle zutreffende Beurteilung des Vorsatzes wird sich deshalb auf dem abstrakten Niveau des vorliegenden Beitrages nicht abgeben lassen. Jedenfalls dürfen aber die bestehenden Aufklärungsbedürfnisse bezüglich des Vorsatzes des einzelnen Täters selbstverständlich nicht die Einleitung einschlägiger Ermittlungsverfahren blockieren, denn ein die Verfahrenseinleitung erzwingender sogenannter *Anfangsverdacht*[102] besteht allemal.

X. Verbleibende Lücken des Untreuetatbestandes?

1. Für die Finanzkrise der Vergangenheit wird eine strafrechtliche Aufarbeitung infolgedessen in allen denjenigen Staaten, deren Rechtsordnung entweder nach dem deutschen Muster einen allgemeinen Untreuestraftatbestand oder den Straftatbestand der gesellschaftsrechtlichen Untreue kennt, wenigstens im Ansatz durchführbar sein. Gleichzeitig ist die effiziente Durchführung der strafrechtlichen Aufarbeitung der Vergangenheit die unabdingbare Voraussetzung dafür, dass sich entsprechende Entwicklungen für die Zukunft werden vermeiden lassen. Ähnlich wie sich nur durch eine konsequente Verfolgung von Kriegs- und Menschenrechtsverbrechen durch den ICC eine Besserung für die Zukunft erwarten lässt, wird deshalb auch nur durch eine strafrechtliche Verfolgung der kriminellen Ursachen der jetzigen Finanzkrise Besserung für die Zukunft zu erhoffen sein. Erst recht muss in denjenigen Rechtsordnungen, die bis heute keinen allgemeinen Untreuetatbestand kennen, diese unerträgliche Lücke des Strafrechts schleunigst geschlossen werden. Dass statt dessen die im apologetischen Schrifttum propagierten „Selbstheilungskräfte" für die Zukunft wirken würden, ist angesichts des Debakels der Vergangenheit (als diese ja auch schon existierten) und der Presseberichte über die Fortsetzung der bisherigen

102 *Meyer-Goßner*, StPO, 52. Aufl. 2009, § 152 Rn. 4; *Roxin/Schünemann*, Strafverfahrensrecht, 26. Aufl. 2009, § 39 Rn. 15.

Gepflogenheiten (auch bezüglich der Boni) mit anderen, aber ähnlich verbrieften und finanzierten Instrumenten eher weltfremd, zumindest unrealistisch. Die sog. Finanzkrise ist ja in Wahrheit das Resultat einer Art *moral insanity* in der Finanzwelt gewesen, und ausgerechnet in dieser Welt der maximalen Versuchung und Korrumpierbarkeit allein auf intrinsische Moral oder hintergehbare formale Kontrollen zu setzen, kann nicht genügen.

2. Freilich hat diese „Finanzkrise" mit ihren unfassbaren Dimensionen gezeigt, dass auch der deutsche Untreuetatbestand noch unzulänglich ist und erhebliche kriminalpolitische Lücken aufweist. Denn er ist weder im objektiven noch im subjektiven Teil auf das spezifische Unrecht zugeschnitten, das sich durch die jedes vernünftige Verhältnis zum Eigenkapital verlierenden, im Sinne von *Sinn* „kasino-", d.h. glücksspielartigen Investitionen in die amerikanischen „Giftpapiere" realisierte: Das Spezifikum bestand einerseits in der aleatorischen Teilnahme an einem intensiven Schneeballsystem, bei dem niemand sagen konnte, ob er rechtzeitig wieder herauskommen würde, bevor der irgendwann mit Notwendigkeit stattfindende Zusammenbruch des ganzen Systems passieren würde; und zwar – das kommt andererseits dazu – mit einem Investitionsvolumen, das im Falle des Zusammenbruches des Marktes zur sofortigen Vernichtung der investierenden Bank führen musste. Das Unrecht bestand deshalb nicht nur in der Schädigung, sondern in der potentiellen Vernichtung des Treugebers, also geradezu in einer Potenzierung des Untreuetatbestandes. Exakt dieses Unrecht ist im Bankrotttatbestand des deutschen Strafrechts erfasst worden in Gestalt der tatbestandlichen Beschreibung des § 283 StGB, das zu dem Unrecht der Untreue selbständig hinzukommt. Denn die Untreue schützt das Vermögen des Geschäftsherrn, während der Bankrotttatbestand das Vermögen der Gläubiger und evtl. sogar die Gesamtwirtschaft schützt[103], so dass also richtigerweise beide Delikte in Idealkonkurrenz verwirklicht werden, wenn ein Treupflichtiger durch eine Untreuehandlung den Geschäftsherrn in die Insolvenz führt[104]. Während sich diese Strafbarkeit im Fall der Bank *Lehman Brothers* problemlos realisieren ließe, und zwar nicht nur in den USA, sondern in allen Ländern, in denen Tochterbanken von *Lehman Brothers* in die Insolvenz gegangen sind, wird eine Strafverfolgung wegen Bankrotts in Deutschland bezüglich der in den Ruin geführten deutschen Banken nicht stattfinden können. Der Grund dafür liegt in der die Strafbarkeit

[103] LK/*Tiedemann*, 12. Aufl., Rdn. 45 ff. vor § 283; *Kindhäuser*, NK-StGB, 3. Aufl. 2010, Vor §§ 283 ff. Rn. 19 ff.*; Lackner/Kühl*, StGB 26. Aufl. 2007, § 283 Rn. 1; *Stree/ Heine*, in: Schönke/Schröder, StGB 27. Aufl. 2006, Vorbem §§ 283 ff. Rn. 2 (Gläubigerinteressen und Gesamtwirtschaft als Schutzgüter), alle m.w.N.

[104] Nach der geltenden Rechtslage, die die Brücke zu § 283 StGB für Organe und Substituten des Geschäftsherrn erst über § 14 StGB schlägt, ist zwar eine Exklusivität von § 266 und § 283 anzunehmen (LK/*Schünemann*, 12. Aufl., § 14 Rdn. 50 ff. m.w.N.); die von BGH NStZ 2009, 437 schon de lege lata propagierte, insoweit zweifelhafte Aufgabe dieses Grundsatzes erscheint jedoch de lege ferenda erwägenswert.

nach § 283 StGB einschränkenden objektiven Strafbarkeitsbedingung des Abs. 6, dass über das Vermögen des Schuldners, also der Bank, das *Insolvenzverfahren* eröffnet oder mangels Masse abgelehnt worden sein muss. Denn in Deutschland wie auch in den USA, Großbritannien oder Frankreich haben die Regierungen den betroffenen Banken durch eigenes Engagement, beliebige Kreditrahmen und Bürgschaften so viel neue Liquidität zur Verfügung gestellt, dass die an sich normalerweise eintretende Illiquidität verhindert wurde, und ihnen durch ein besonderes Gesetz[105] die Möglichkeit geschaffen, die wertlosen Papiere in eine eigene sog. *Bad Bank* auszulagern und dadurch die sonst vorhandene Überschuldung abzuwenden. Ob die dem Steuerzahler hierfür gegebene Begründung, dies sei zur Verhinderung eines allgemeinen Zusammenbruchs des Finanzsystems unabweisbar gewesen, zutrifft oder ob es andere Möglichkeiten gegeben hätte, die den Steuerzahler weniger belastet hätten, vermag ich nicht zu beurteilen. Sicher scheint mir jedenfalls zu sein, dass durch die Maßnahmen der Regierung die Strafwürdigkeit und Strafbedürftigkeit des Handelns der Bankvorstände und -manager um keinen Deut verringert worden sind. Wegen des strafrechtlichen Gesetzlichkeitsprinzips und des darin enthaltenen Rückwirkungsverbots (Art. 103 Abs. 2 GG) ist es allerdings nicht möglich, diesem manifesten Strafbedürfnis bereits hinsichtlich der in der Vergangenheit liegenden Bankrotthandlungen Rechnung zu tragen. Umso dringender ist die Forderung, dies für die Zukunft zu tun, weil nicht die geringste Garantie dafür besteht, dass sich die jetzt erlebten Vorkommnisse nicht in anderen Konstruktionen in der Zukunft wiederholen werden. Nachdem unter der Führung der USA die in der Vergangenheit von *Greenspan* geübte Praxis, Krisen im Bankensektor durch beliebig frische Liquidität und damit letztlich über die Notenpresse abzuwenden, in noch größeren Dimensionen fortgesetzt worden ist, sind die Rahmenbedingungen für eine Wiederholung des mit den amerikanischen Subprime Mortgages in Form von ABS und CDO betriebenen Schneeballsystems weiterhin gegeben. Es ist deshalb zu fordern, dass die objektive Strafbarkeitsbedingung des Bankrotttatbestandes in § 283 Abs. 6 StGB um eine dritte Variante bereichert wird, nämlich

> *dass es allein deshalb nicht zum Insolvenzverfahren kommt, weil dieses durch eine staatliche Intervention verhindert wird.*

3. Obwohl die im Schrifttum heute wohl schon überwiegende Auffassung, dass zwischen Bankrott und Untreue Idealkonkurrenz bestehen kann, manche Gründe für sich hat, brauche ich mich darauf nicht unter Aufgabe meines gegenteiligen Standpunktes im Leipziger Kommentar (Fn. 104) festzulegen. Denn viel eleganter und auch kriminalpolitisch überzeugender dürfte es sein, wenn man einen echten *Qualifikationstatbestand der Untreue* für den Fall schafft, dass die Untreuehandlung zur

[105] Gesetz zur Fortentwicklung der Finanzmarktstabilisierung vom 17.07.2009, BGBl. I S. 1980.

Insolvenz des Geschäftsherrn führt oder nur deshalb nicht führt, weil diese durch eine staatliche Intervention abgewendet wird.

XI. Ergebnis

Ich bin mir dessen bewusst, dass meine zur strafrechtlichen Bewältigung der Finanzkrise vorgetragenen Überlegungen nur eine Skizze darstellen, die dringend detaillierter und sorgfältiger ausgearbeitet werden muss, die gerade diese Ausarbeitung aber auch verdient. Denn die sog. Finanzkrise stellt nicht ein bloßes Systemversagen dar, sondern ist mit einer gewissen Wahrscheinlichkeit durch massenhaft zumindest objektiv straftatbestandsmäßiges Verhalten der verantwortlichen Personen im Bankensektor verursacht worden, wobei staatliche Instanzen grob fahrlässig mitgeholfen haben. Dass in Deutschland gerade öffentliche Banken mit Beträgen von insgesamt mindestens 100 Milliarden € in die schon ex ante minderwertigen und letztlich wertlosen amerikanischen Papiere investiert und dadurch wirtschaftlich gesehen den Konsum der amerikanischen Bevölkerung zu Lasten des deutschen Steuerzahlers subventioniert haben, ist nicht nur ein politischer Skandal, sondern eine Art global organisierter Kriminalität[106]. Von den Fällen abgesehen, in denen das Handeln durch Desinformation oder puren Unverstand der Akteure erklärbar ist, dürften die insgesamt in Milliardenhöhe voreilig gezahlten Boni das treibende Motiv gewesen sein. Bis heute hat man nicht gelesen, dass diese illegitimen Boni aus den Scheingewinnen der Vergangenheit systematisch zurückverlangt worden wären; vielmehr häufen sich die Berichte, dass die Praxis und die Höhe der Boni selbst bei staatlich gerade erst geretteten Banken ebenso fortgesetzt wird wie der hauptsächliche Einsatz des Investmentbanking zur Ausweisung von Gewinnen, wobei sich die Frage nach den Hintergründen der abermals eingesetzten „Sekuritisationen" geradezu aufdrängt. Die rechtliche Aufarbeitung dieser Verhältnisse im Bankenbereich kann nur in staatlichen Ermittlungsverfahren geleistet werden und liegt im Interesse des Finanzsystems selbst, um den Anschein einer *Funktionärskleptokratie* zu beseitigen. Vor 10 Jahren habe ich auf einer von der Humboldt-Stiftung veranstalteten deutsch-japanischen Strafrechtstagung die Forderung erhoben, dass endlich das traditionell gegen die Unterschicht eingesetzte Strafrecht auch gegen die Oberschicht gleichmäßig zur Anwendung gebracht werden müsse[107], was natürlich zunächst einmal die amtliche Aufklärung aufgetretener Verdachtsmomente erfordert.

[106] Womit nicht etwa die sinistre Verschwörungstheorie eines globalen Masterplans vertreten, sondern auf den durchweg hohen Organisationsgrad der einzelnen Ebenen verwiesen werden soll.

[107] In: Kühne/Miyazawa (Hrsg.), Alte Strafrechtsstrukturen und neue gesellschaftliche Herausforderungen in Japan und Deutschland, 2000, S. 17 ff.

Wenn es jemals irgendein Feld gegeben hat, wo dies überfällig ist, so ist es die sog. Finanzkrise.

XII. Epilog: Die Reaktion der Europäischen Union, der staatlichen Instanzen und der Öffentlichkeit

1. Dass bis heute auf allen politischen Ebenen sowie auch in den von den politischen Lagern beeinflussten Medien die Thematisierung der strafrechtlichen Verantwortlichkeit für die Untreuehandlungen im Bankenbereich weitgehend blockiert worden ist, dürfte sich dadurch erklären, dass nicht nur die Bundesregierung, sondern auch zahlreiche Landesregierungen wegen der Debakel bei ihren Landesbanken in die Angelegenheit verstrickt sind. In gewisser Weise den Gipfelpunkt dieser bisher erfolgreichen Strategie, die sog. Finanzkrise dem Steuerzahler wie eine Naturkatastrophe zu präsentieren, anstatt die individiduellen Verantwortlichkeiten aufzuklären, stellt das Verhalten des Rates der EU in der *Präsidentennote* des tschechischen Ratspräsidenten vom 29. Mai 2009 dar. In dieser Note (9767/09, JAI 293 ECOFIN 360) zum Thema „Finanzkrise: Was kann auf dem Gebiet der Justiz getan werden?" heißt es auf S. 2 unten unter der Überschrift: „Auf dem Gebiet des Strafrechts":[108]

> „Zahlreiche strafrechtliche Aspekte der Krise sind ebenfalls in Betracht gezogen worden. Die Mitgliedstaaten beobachten (monitoring) Wandlungen im kriminellen Verhalten, die direkt oder indirekt zu der ökonomischen Instabilität in Bezug stehen. Sie entwickeln ebenfalls Mittel, wie die Zurückgewinnungshilfeämter, um spezifische Strömungen des organisierten Verbrechens anzusprechen und zu bekämpfen (to counter), die möglicherweise bezwecken, aus einigen Besonderheiten der Krise Vorteil zu ziehen. Die Transparenz verschiedener Verfahren, einschließlich solcher von internationalen Dimensionen, ist verbessert worden, um ihren Missbrauch durch Kriminelle zu begrenzen; zusätzliche Sicherungen sind in die Finanzbeziehungen innerhalb nicht-kooperativer Rechtsordnungen eingeführt worden, um Steuerflucht oder Geldwäsche zu bekämpfen (foil). Darüber hinaus sind schriftliche Beiträge geleistet worden, um einzelne (topical) Vorschläge zu befördern: z.B., um den Diskussionsrahmen auf der Ebene der EU über Finanzermittlungen zu intensivieren, die internationale Zusammenarbeit zu verbessern und die verfügbaren Mittel überall effizienter zu machen. In dieser Hinsicht möchte die Präsidentschaft die Möglichkeit betonen, die durch die 5. Runde der wechselseitigen Bewertung des Steuerdelikts und der Steuerermittlungen geboten wurde und mit den ersten Bewertungsbesuchen während der schwedischen Präsidentschaft beginnen wird. Als Ergebnis kann die wirksamere Durchsetzung der europäischen Instrumente in diesem Feld angepeilt werden. Die Präsidentschaft wünscht allen Mitgliedstaaten zu danken, die zu diesem interessanten Austausch von Informationen beigetragen haben. Hoffentlich wird die

[108] Übersetzung vom Verfasser.

Verbesserung der gegenseitigen Kenntnis von geplanten oder unternommenen Aktionen auf diesem Feld nützlich und inspirierend für alle gefunden werden. Darüber hinaus könnten Ergebnisse und nachträgliche Evaluation der eingeführten Maßnahmen zukünftig ausgetauscht und diskutiert werden."

2. Was sich hinter diesen (nur) teilweise ominösen Formulierungen verbirgt, kann man im Bericht der Niederlande (ibid. auf S. 41 ff.) lesen. Um die Folgen (!!) der Finanzkrise zu bewältigen, müsse zukünftig die Verfolgung von Steuerhinterziehung und Geldwäsche europaweit intensiviert werden, u. a. durch grenzüberschreitende Vermögenskonfiskation und verbesserte Zusammenarbeit gegen Untergrund-Bankgeschäfte. Mit anderen Worten wird auf der Ebene der EU die sog. Finanzkrise als ein fait accompli angesehen, dessentwegen man nunmehr die Bekämpfung der „Untergrund-Finanzwelt" weiter intensivieren müsse.

3. Wenn man dies liest, wird man auf den ersten Blick an die Karlsbader Beschlüsse denken, die von *Metternich* anlässlich der Ermordung von *Kotzebue* durchgesetzt worden sind Bei genauerem Nachdenken waren diese Beschlüsse aber viel harmloser, denn sie richteten sich ja unleugbar gegen die deutsche demokratische Bewegung, aus der heraus letzten Endes auch das Attentat auf *Kotzebue* begangen worden war[109]. Im Papier der EU dagegen werden die in quantitativer Hinsicht das gesamte organisierte Verbrechen weit in den Schatten stellenden Taten der zum Finanzestablishment gehörenden, potentiellen Untreuetäter zum Anlass genommen, um gegen die außerhalb des Establishments angesiedelte „schmutzige Konkurrenz" noch schärfer als bisher vorzugehen. Da die Bekämpfung der organisierten Kriminalität außerdem in der EU das zentrale Einfallstor zum Abbau bürgerlicher Freiheiten darstellt, will das politische Establishment also die potentiellen Verbrechen des *Finanzestablishments* nicht näher aufklären, sondern dazu benutzen, um die *bürgerlichen* Freiheiten innerhalb der EU noch mehr einzuschränken. Difficile est, satiram non scribere!

4. Freilich ist diese Reaktion der EU-Ratspräsidentschaft nur verständlich vor dem Hintergrund der Reaktionen in den Mitgliedstaaten, das ganze Debakel nicht etwa lückenlos aufzuklären, sondern darüber unter Einsatz bis dato unvorstellbarer finanzieller Mittel eine Art Mantel der Nachsicht zu breiten – mit der flotten Sanierung und Veräußerung der IKB und dem (freilich gescheiterten) Versuch der Erwerberin, jede Aufklärung zu verhindern, als Speerspitze. Nützlich, wenn nicht unentbehrlich hierfür war die in der öffentlichen Meinung im voraus verkündete Verneinung individueller Verantwortlichkeit, die im strafrechtlichen Fachschrifttum bis in die feinsten Verästelungen strafrechts- und steuerungsphilosophischer Skepsis ausgeführt worden ist. Als Ergebnis lässt sich für ein solches „von der Parteien Gunst und Hass verzerrtes, schwankendes Charakterbild" eines festhalten: Eine strafrechtliche Auf-

[109] Dazu *Schünemann*, Leferenz-FS, 1983, S. 279 ff.

klärung der vielen offenen Fragen ist überfällig. Wer die letzten 30 Jahre strafrechtspolitischer und -dogmatischer Auseinandersetzungen im Gedächtnis hat, wird dadurch unweigerlich an die Kampagne in der Parteispendenaffäre der Achtziger Jahre des vorigen Jahrhunderts erinnert, wo mit Hilfe teilweise abenteuerlicher juristischer Theorien[110] eine Aufklärung der individuellen Verantwortlichkeiten durch die Strafjustiz zu verhindern versucht wurde. Damals hat der Bundesgerichtshof Gelegenheit gehabt, das letzte Wort zu sprechen und die (Straf-)Rechtswidrigkeit einer ebenfalls „von allen", und zwar über Jahrzehnte, geübten Praxis auszusprechen[111]. Man darf gespannt sein, ob er auch in der sog. Finanzkrise diese Gelegenheit erhalten wird.

110 Dazu eingehend *Schünemann,* in: de Boor/Pfeiffer/Schünemann (Hrsg.), Parteispendenproblematik, 1986, S. 35 ff., 169 ff.

111 BGHSt 34, 272; 37, 266.

Verzeichnis der Teilnehmer am Andechs-Symposium

Stephan Beukelmann
Dr., Rechtsanwalt, München

Wilfried Bottke
Prof. Dr., Universitätspräsident, Augsburg

Manuel Cancio Meliá
Prof. Dr., Madrid

Jyh-Huei Chen
Prof. Dr., Taipeh

Yamila Fakhouri Gómez
Dr., Barcelona

Luis Gracia Martin
Prof. Dr. Dres. h.c., Zaragoza

Enrique Gimbernat
Prof. Dr. Dr. h.c. mult, Madrid

Luis Greco
Dr. LL.M., München

Judith Hauer
Dr., Rechtsanwältin, München

Roland Hefendehl
Prof. Dr., Freiburg

Tatjana Hörnle
Prof. Dr., Berlin

Jörn Ipsen
Prof. Dr., Präsident des Niedersächsischen Staatsgerichtshofes, Osnabrück

Peter Kasiske
Dr., München

Giorgi Khubua
Prof. Dr., Rektor, Tblisi

Santiago Mir Puig
Prof. Dr. Dr. h.c., Barcelona

Cornelius Nestler
Prof. Dr., Köln

Ulfried Neumann
Prof. Dr. Dr. h.c., Frankfurt/Main

Lothar Philipps
Prof. Dr., München

Lorènzo Picotti
Prof. Dr., Verona

Cornelius Prittwitz
Prof. Dr., Frankfurt/Main

Jens Puschke
Dr. LL.M., Freiburg

Anna Richter
München

Benjamin Roger
Maître en droit, München

Thomas Rönnau
Prof. Dr., Hamburg

Claus Roxin
Prof. Dr. Dr. h.c. mult., München

Imme Roxin
Dr., Rechtsanwältin, München

Mariana Sacher
Dr. LL.M., München

Heinrich Scholler
Prof. Dr. Dr. h.c., München

Friedrich-Christian Schroeder
Prof. Dr. Dr. h.c., Regensburg

Ulrich Schroth
Prof. Dr., München

Bernd Schünemann
Prof. Dr. Dr. h.c. mult., München

Dominik Stahlmecke
Freiburg

Carlos Suárez González
Prof. Dr., San Sebastian

Petra Velten
Prof. Dr., Linz

Jürgen Wolter
Prof. Dr., Mannheim

Aktuell im BWV

Martin Junkernheinrich, Stefan Korioth, Thomas Lenk, Henrik Scheller, Matthias Woisin (Hrsg.)

Jahrbuch für öffentliche Finanzen 2009

Das neue „Jahrbuch für öffentliche Finanzen“ verbindet aktuelle Fachbeiträge zu den wesentlichen Entwicklungen der öffentlichen Haushalte, der Finanzverfassung und der Finanzpolitik mit einer praxisorientierten Berichterstattung. Besonderes Gewicht hat dabei der Blick auf die Länderebene des bundesdeutschen Föderalismus. Kern des Jahrbuchs ist ein Länderfinanzbericht, mit dem alle sechzehn Landeshaushalte des Vorjahres vom Entwurf bis in den Haushaltsvollzug verständlich dargestellt und analysiert werden. Die Länderberichte werden mit einer zusammenfassenden Analyse des Haushaltsjahres 2008 eingeleitet. Vierzehn weitere Fachbeiträge bilden nahezu das gesamte Spektrum des relevanten Fachdiskurses ab und beteiligen sich an den aktuellen Kontroversen wie etwa um die Folgen der jüngsten Föderalismusreform, die konjunkturpolitische Reaktion auf die Finanzkrise, die fiskalische Einbindung der Gemeinden, die fachlichen Grundlagen für den neuen Stabilitätsrat, das Grundverständnis der Finanzverfassung und um besondere gesamtdeutsche Problemlagen.

2009, 532 S., 43 Abb., 35 Tab., kart., 78,– €, ISBN 978-3-8305-1731-3

Ilan Fellmann

Die ‚automatische‘ Korruption

Handbuch der Korruptionsprävention

Das aktuelle Buch von Ilan Fellmann zur Korruptionsprävention geht von einem interessanten Gedanken aus: Wenn man klein anfängt mit unethischem Verhalten, ist der Weg zur – strafrechtlich relevanten – Korruption manchmal nicht mehr weit. Wenn man mit kleineren Straftaten beginnt und nicht entdeckt wird, ist der Weg zu größeren Straftaten offen. Ein verhängnisvoller Automatismus.

Ilan Fellmann beschreibt in sechs Hauptkapiteln

- den Begriff Korruption, Korruption in den Wissenschaften, Lobbyismus
- Korruptionsbekämpfung und Korruptionsprävention
- Recht und Compliance Management
- Moral und Ethik
- Personal und Management
- Interne und externe Kontrollsysteme

anschaulich, für alle lesbar und doch auf wissenschaftlicher Basis, die wirtschaftskriminellen Aktivitäten, vor allem Korruption, und wie ihnen begegnet werden kann.

Zahlreiche Fallbeispiele aus aktuellen Medienberichten geben einen Eindruck über die Korruption „immer und überall“.

2010, 399 S., geb., 38,80 €, ISBN 978-3-8305-1739-9

BWV • BERLINER WISSENSCHAFTS-VERLAG

Markgrafenstraße 12–14 • 10969 Berlin • Tel. 030 / 841770-0 • Fax 030 / 841770-21
E-Mail: bwv@bwv-verlag.de • Internet: http://www.bwv-verlag.de